술빛고을권역 수주 · 주천 · 한반도면 **주천강문학**

# 긴 시간의 데생

2016년 제9집

주천강문학회

CONTENTS

부록

# 주천강문학 제8집 『접시꽃 그리움』 출판기념회

# 제9회 주천연꽃문화제 시화전

# 주천강문학회 회원모집

1. 자격 : ①주천면, 수주면, 한반도면에 사는 주민이면 누구나
   ② 주천면, 수주면, 한반도면에서 태어난 사람이면 누구나
   ③ 주천면, 수주면, 한반도면을 사랑하는 사람이면 누구나
   ④ 주천면, 수주면, 한반도면을 소재로 한 글을 쓰는 사람이면 누구나

2. 입회 : ① 연락처 : 010-5460-1210
   ② 소재지 : 영월군 수주면 명마동길 150(우편번호 26201)
   ③ 홈페이지 : http://cafe.daum.net/sj1122
   ④ 이메일 : leejaeeup@hanmail.net

문학을 사랑하고 주천강을 사랑하는 여러분의 많은 문의 바랍니다.

주천강문학회 회장 **이 재 업** 드림

술빛고을권역 수주 · 주천 · 한반도면 **주천강문학**

# 긴 시간의 데생

2016년 제9집

주천강문학회

<발간사>

# 마음의 다리를 건너 행복해지길

또 하나의 역사가 쓰여진다

역사는 만들어지는 것이 아니라 흘러가는 것이란 말이 실감난다.

면단위 문학회에서 이처럼 꾸준히 문학지를 발간하고 시화전을 하고 엔솔로지를 만든다는 것은 매우 어려운 일이다.

여기에는 주천강을 중심으로 한 주천면, 한반도면, 수주면의 면민들의 따뜻한 배려와 회원 한 분 한분의 자긍심이 있었다.

거기에 계간 스토리문학의 발행인이며 고려대 평생교육원 시창작과정 교수이신 김순진 시인님의 참여는 결정적인 도움이 된다.

모든 분들께 감사드린다. 곧 눈이 내릴 것 같다.

이번 9집 출판기념회에는 서울에서 고려대 평생교육원 시창작과정 회원님들이 버스를 타고 여행을 오셔서 영월의 동강시스타에서 주무신다고 한다.

가슴 따스한 영월, 인정의 영월을 보여드리고 싶다. 먼 곳에서 찾아와주시는 분들이 있어 행복하다. 나도 내 마음을 여러분에게 여행 보내고 싶어 글을 쓴다. 글은 서로를 잇는 다리가 된다.

이 책 주천강문학 제9집 『긴 시간의 데생』을 통해 우리들의 마음의 다리를 건너 행복해지길 소망해본다.

2016년 겨울

주천강문학회 회장 이재업

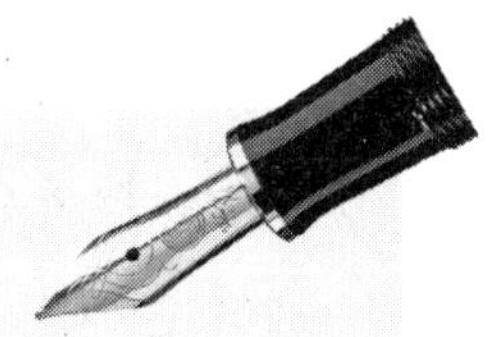

# 김 선 영

<시조문학> 추천 및 『삶과 꿈』 신인상으로 등단
영월 주천에 살고 있음.
한국문인협회 회원
한국시조시인협회 회원
나래시조시인협회 회원
우림문학회 회원
동강문학회 회원
주천강문학회 회원
제4회 북원문학상 수상
제17회 강원시조문학상 수상
제21회 나래시조문학상 수상
제10회 문학세계문학상 대상
제8회 한국농촌문학상 수상
시조집 『꽃뱀을 만나다』 외 3권
시집『유년의 바람』 외 2편

# 풍경 ·1 외 9편

– 2015년 겨울, 오소리에서

김 선 영

노가다 끝낸 노씨와
배달 마친 배양이
골목 안 선술집에서 술 먹는다
시리운 등을 맞대고
세월을 비운다.

노씨는 그라스에 노가리를 씹어 먹고
배양은 종이컵에 눈물을 섞어먹고
등 뒤가 궁금할 텐데
돌아보지도 않는다.

노씨는 노씨대로
배양은 배양대로
구겨진 지폐 몇 장 말없이 내려놓고
왔던 길 다시 돌아서
골목으로 사라진다.

# 영월 동강에 와서

길 없는 길을 따라 다다른 진탄나루
"황새여울 된꼬까리 떼 잘도 지났으니
만지산 전산옥이야 술상 차려 놓게나"1)

줄배로 강을 건너 문희마을 다다르니
이 백리 동강줄기 유유히 흘러가고
잘 그린 산수화 한 폭
마음으로 들어온다.

떼꾼들의 아라리 여울 속에 흘러가고
칠족령(漆足嶺) 넘던 사랑 문희라 불러주며
白雲山 돌아가는 바람
노래 한 곡 부르네.

---

1) 동강아라리 구절

# 그 여자네 집

– 幼年의 바람 · 5

학고 갔다 돌아오는 길은
항상 설렘이었다.

그 여자네 집 능금나무에 올라
능금은 아니 따고

그녀의 물 긷는 모습만
뱁새눈으로 훔쳐봤다.

그 여자 지금 쯤 어디 있을까
능금은 빨갛게 익었는데

그 여자 지금 쯤 거울 앞에서
흰머리나 고르고 있을까?

까투리 울음소리만
빈집을 들었다 놓는데,

# 신용불량

– 幼年의 바람 · 7

내 어릴 적 옆집에 살던 단발머리 그 소녀와
아빠 되고 엄마 되어 소꿉장난 하면서
이담에 어른이 되면
진짜 살림 차리자고,

손가락 걸어가며 다짐을 하였지만
이사 온 다음날부터 까마득히 잊었는데
어느 날 TV에 나온 그녀
아직도 날 찾고 있는 듯.

가끔씩은 부도도 내는 것이 삶이라지만
살아오면서 흘려버린 수많은 거짓말들
이제는 하나 둘 다시
주워 담아야겠네.

# 달맞이꽃

– 幼年의 바람 · 8

집 나간 큰 누님이 남 몰래 돌아와서
달빛 내린 빈집에서 혼자 울고 있구나
살아서 고향에 한 번
가보고 싶다던 누님.

오뉴월 보릿고개 허기를 참지 못해
도회지로 돈 벌러 가 새우잠을 자면서
명절 땐 洞口까지 왔다가
되돌아가던 누님,

빈 마구간에 소 한 마리 키우겠다던
열여덟  여린 소망이 채 피기도 전에
직업병 그 고통으로
고향도 오지 못한,

어느 날 편지 속에 고이접어 함께 보낸
털쉐타엔 아직도 누님 체온 남았는데
고향이 너무 보고 싶어
꽃이 되어 돌아 왔나.

# 어머니의 여름

– 幼年의 바람 · 18

어머니는 새벽마다 봉고차를 타셨다.
일당 이만 오천 원, 단팥빵도 준다며
휘어 진 등 구부리고
바람보다 빨리 갔다.

한 마리 누에처럼 무거운 동작으로
감자 고랑 타고 앉아 아픔을 감추며
오뉴월 삼복더위를
호미로 파헤쳤다.

감자꽃 피는 여름날 단팥빵 하나, 우유도 한잔
차려놓고 절을 해도 어머니는 말 없으시다
어머닌 저승에서도
감자 캐고 계실까.

# 고향 가는 길

– 幼年의 바람 · 19

아이들은 나를 보고 모른 체 그냥 가고
국화꽃 한 송이만 눈인사를 찡긋 한다
모두가 변하였구나, 낯익은 게 별로 없네.

洞口에서 마주 친 백발의 노인 한 분
무심코 지나고 보니 이웃집 아주머니
그분도 나를 모르고 바람처럼 그냥 가네.

칼바람 불어오는 강냉이밭 고랑에선
유년의 이야기가 아슴푸레 들리는데
발 멈춰 뒤 돌아 보면 그리운 말 한마디.

# 가끔씩은

– 백수일기 · 1

세상 일 가끔씩은 모른 척 할 나이건만
떠도는 풋소문에 귀는 자꾸 열리고
마음도 따라서 열려
불면으로 뒤척인다.

가진 것 가끔씩은 덜어낼 나이건만
던다는 게 채움보다 무겁고 더 어려워
움켜쥔 손 펴지 못해
도지는 신열이여.

아는 것 가끔씩은 잊어버릴 나이건만
옆길로 가는 길이 제길 보다 낯설어
철자법 틀린 나의 詩
또 다시 고쳐 쓴다.

# 이력서를 쓰는 아내

– 백수일기 · 2

한 밤중 나 몰래 아내가 이력서 쓴다.
눈이 침침한지 자꾸 닦는 안경알
지웠다  또 다시 쓰는
그 이력은 무얼까.

지천명의 찬바람에 모가지는 시려오고
빗소리는 왜 또 이리 서러운지,
희미한 스탠드 아래
불면의 밤은 깊다.

아내 몰래 눈 뜨고 필체를 따라 간다
수전증 걸린 듯 떨고 있는 아내의 손
얼마를 덜고 보태야
내일이 다가올까.

# 아내가 도망갔다

– 백수일기 · 8

늦잠에서 깨어보니 아내가 안 보인다.
요 며칠 동안 행동이 수상쩍더니
기어이 일 저질렀나,
정신이 번쩍 든다.

거실에 내 던져진 조간신문 한 귀퉁이
쓰러져서 울부짖는 이 시대의 한숨소리
아내는 이 무더운 날
무얼 하러 어딜 갔나.

밥상 위 메모지 한 장 꾹꾹 누른 글씨로
- 저 품 팔러 갑니다, 아침 챙겨 드세요
아내가 없는 밥상에서
꾸역꾸역 밥 먹는다.

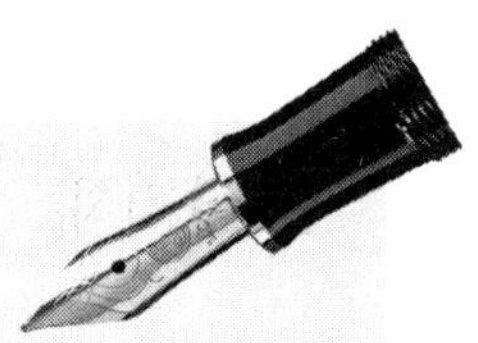

# 김 윤 자

주천강문학회 회원

# 소나기재

김 윤 자

오십 년 전 미루나무
휙휙 지나가는
차창 밖을 바라보며,

서울색시 엄마는 울었다 했지,
꼬불꼬불 비포장 신작로를
헉헉대며 기어 올라가는
트럭을 타고,

가면 갈수록 산속으로
빨려들어 가는 것 같아
겁이 났다고 했다.

오늘 이 길을
서울 색시 딸인 내가, 육십이 다 된 나이에
엄마 생각하며, 넘고 있네.

말끔히 다듬어진 아스팔트 소나기재
우거진 소나무들의
아름다운 경치에 감탄하며,

오십년 쯤 후
내 딸이 이 고개를 넘을 때,
할머니, 엄마가 넘던 그 옛날
소나기재 생각은 할까?

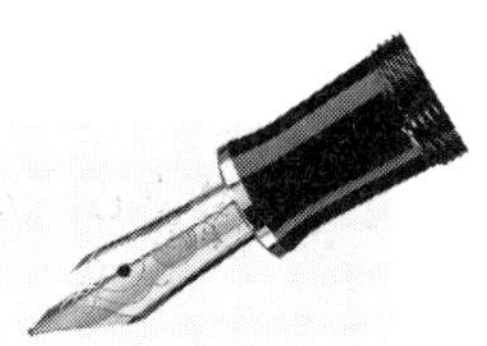

## 김 이 진 金利鎭

1957 강원도 영월 출생
한국문인협회 회원
대한문인협회 회원
한울문인협회 회원
영월 동강문학회 회원
유니세프한국위원회 회원
사랑의 장기기증운동본부 회원
영월교육지원청 자원봉사동아리 『디딤돌』 정회원

월간 <한울문학> 신인문학상 수상/詩부문(2005)
월간 <한울문학> 작가상 수상(2006)
문화예술교류진흥회 문학대상 수상(2006)
창작문학예술인협의회 올해의 시인상 수상(2009)
월간 한울문학 창립10주년 공로상 수상(2011)
창작문학예술인협의회 전국시인대회 입상(2012)

시집 『수채화로 물들인 사랑』



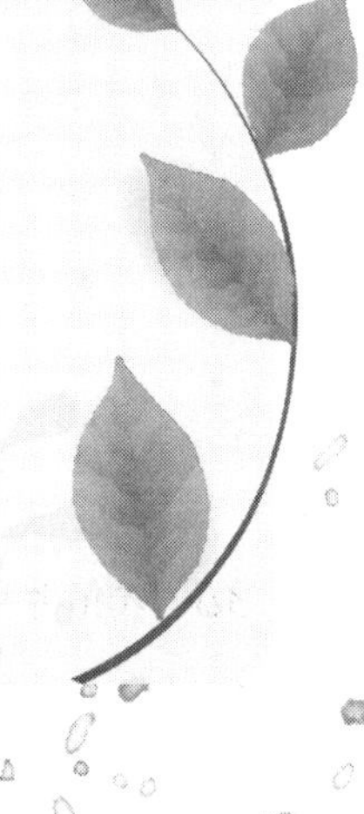

# 그리움이 사랑을 품을 때 외 4편

김 이 진

누가
가을은
남자의 계절이라 하였던가?

그리움이
사랑을 품을 때
바람은 이미 알고 있었나 보다

내 가슴 속으로
들어온 상큼한 바람이
구절초의 사랑이었다는 것을

이 가을
붉게 물들이고 싶다
사내의 투박한 가슴을 …….

# 편도염

그녀가
내 품속으로 들어왔다

너무나 긴장한 탓일까
키스하는 법을 잊어버렸다

그리고
마른침만 삼키고 있다

목젖이 아프다
침을 삼킬 수 없음일까

그리움이
진하게 묻어나는 밤
그녀의 마음만 삼키고 있다.

# 당신은 수채화 같은 사람

당신은
내게 가장 소중하고
아름다운 사람입니다

내
가슴 속에
수채화 같은
추억을 그려준 사람입니다

당신은
베란다 창가로 살포시 찾아온
아침햇살처럼 따뜻한 사람입니다

바람의 몸짓에도
작은 들꽃들의 속삭임에도
당신은 눈물을 흘렸답니다

바람을 포옹하며
풋풋한 감성을 먹고사는
문학을 노래하는 소녀였답니다

아주 오랜 세월이 흐른 뒤
가슴속에 감추어둔 추억들

하나, 둘 살포시 꺼내어
수채화 물감에 흠뻑 적셔
파아란 하늘에 걸어 두고 싶음입니다.

# 봄비

그대의 가슴을
훔쳐보고 싶은
마음을 알기나 할까.

# 사랑은 · 9

사랑은
누군가에게
한 그루 나무가 되어
오래도록 함께 거닐며
가슴으로 사랑하는 것.

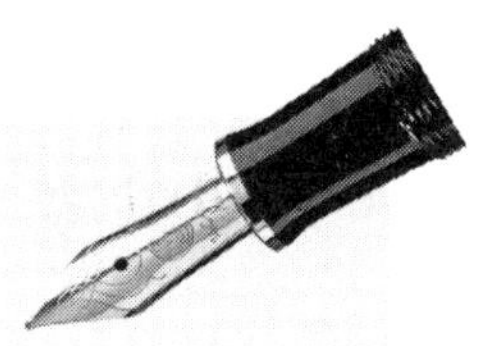

# 서 동 안

1955년 전북 장수 출생
2007년 월간 <문예사조> 詩로 등단
영월동강문학 회원
주천강문학 회원
시와공간 운영위원
움詩 운영위원
텃밭문학 운영이사
시와수상문학 편집이사
시신맥, 착각의 시학,
서정문학, 진안문협 회원

<시와수상문학> 작가상(2009년)
월간 <문예사조 >우수상(2013년)외 다수

현 월간문예사조 詩연재 중
시집 『꽃의 인사법』 외 동인지 다수

# 달맞이 꽃 외 4편

서 동 안

시린 달빛이
눈물처럼 저수지에 내려앉으면
달맞이꽃 이파리에 화색이 돌았다
화색 가득한 꽃잎, 헤진 창호에 붙여 놓고
속옷까지 벗고 누운 저수지에
살풋살풋 몸을 섞으면
달빛이 웃자라
하얗게 너르 트는 물그림자 온순하기 그지없는데
비워 둔 가슴에다 불을 지르며
꽃을 매단 바람이 서쪽으로 치닫는다
바람이 움켜 쥔 것이
첫 사랑의 흐느낌이라면
할 말 못 다한 아픔은
팽팽해진 달빛을 가슴에 품는 일
체념의 한 순간
달빛으로 두들겨 맞은 저수지의
푸른 멍 밟고 가는 그대의 새벽이 곱습니다

# 나팔꽃 그리움

장맛비가
흔적도 없이 사라진 산골의 밤이
마을을 하얗게 휘감아 돌면
오랜 윤회 쪽으로 별들이 일제히 귀 열어
아침으로 건너오는 동안
어둠의 푸른 점들이 내 눈을 할퀴면
기억 저편에 가지런히 모아 놓은 그리움을
지그시 눌러 앉힌다
한 때 사랑했던 사람이라면
죽어서도 만나야할 이유가 있어
잠들어 있는 사람 깨어날 때
아침이 꺼내 놓은 수천 개의
햇살 무늬로 빛나는 낯 선 땅
탱자나무 울타리에
푸른 이슬로 새초롬히 목욕 끝내고
새발간 입술 터지도록 가까이 다가가서
저 지고지순함을 아침에 풀어 섞는 네가
히말라야 설산을 그리워하는
첫사랑 입술을 닮았구나

# 여름이 익어갈 때

말수가 뜸한 하늘이 입을 열어
이쪽저쪽 골골이 한 줄기 은혜를 베푸는 오후
윗마을 포도 익는 소리에 손장단 치며
아랫마을 콩밭 매는 처자가 누군지
도무지 알 수 없다는 표정으로 이골저골 시찰하듯
흰 구름 둥둥 떠다니는 산길을 자드락자드락 걷는다
푸름끼리 한결 더불어 푸르러 간다마는
햇살 풀어 안개 걷는 꿈 깨어 외로워질 때
먼 산그늘의 목소리 말갛게 물들어 가겠지
그 무렵 능소화 울 넘어 님의 향기 불러 모으고
원두막엔 하나 둘 동무들 모여 들겠지
세월은 무정하고 무정해서
장마가 냇물을 몇 번인가 씻어내는 동안
알토란 줄기에 우산 같은 귀를 열고
나긋나긋 푸름을 저 혼자 노래했겠지
여름이 익어가는 냄새가 호박꽃보다 더 향기로웠으니
말수가 뜸한 하늘도 사슴뿔 같은 입을 열어
여름을 콕 찌른다, 우수수 쏟아지는 비취빛 강물에
발을 담그는 오후가 시려 눈물이 난다

# 매화 소식 받으며

시간 위에 꽃을 피우려고
시간을 돌리는 존재
그는 바람인가 햇살인가
그의 세상에는
홀로 겨울을 밀어내는 손만 보일 뿐
어느 여인의 혼일지도 모를
황소 눈망울처럼 순한 눈을 뜨고
바람 앞에 등불처럼 언제나 이별을 준비 하며
사월로 가는 들길에 풀어놓은 언어들로
저희들끼리 서로 안부를 묻는 그들은
이를테면 봄의 여인이 아니라
차가운 겨울의 딸인지도 모른다
다시 낯설게 키워 갈 터전에
먼저 따스해지는 흰 꽃가루가 피어날 즈음
꽃불 쬐는 등 뒤로 말갛게 일어나는 저 빛을
내내 거기에 붙잡아 둘 것을
그리하여 그리움에 대해 이야기하려는 순간
화장기 없는 여자가 내 앞을 지나가고 있었다

# 불두화

아마 그때쯤이었을 거야
마악 꽃바람에 꽃술 익어갈 무렵
아침 댓바람에
하얗게 부푼 꿈으로 일어났던
그 꽃이 피면
두 손 모아 합장 하시던 어머니
검은 머리 정정 하시던 그 모습 아련한데
삼라만상 무한의 세월 스치듯
흐드러지게 핀 어머니의 불두화
가끔 눈물이 났지요
아버지 가시던 북망산 천길 벼랑 끝에도
피어 있었다는 데
가슴 흔들어대는 불길에
한 줌도 되지 않는 삶을
이웃하여 나누지 못했는지
태양이 곱게 솟구치는 날
제 몸 활활 태워
소신공양하는 저 찬란한 빛에
영롱한 사리 몇 알 눈물에 반짝인다

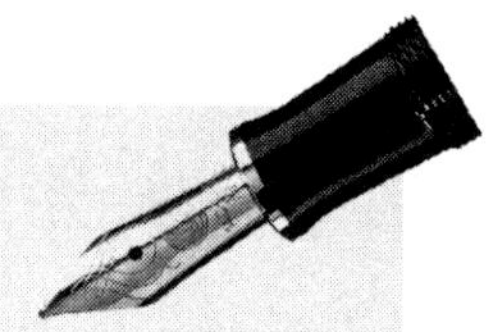

## 양 재 룡

충남 논산 출생
영월 호야지리박물관장
<수필과 비평사> 수필 등단
수원 천천고등학교장 명예퇴직
주천강문학회 회장 역임

동인 시집
『가고 싶은 곳에 기다림이 있다』 외 다수

# 고구마 꽃 외 4편

양 재 룡

평생 처음으로
고구마 꽃을 보았다.

어려서부터
심고, 먹고.
작은 고구마 반 개로
한 끼가 행복했던 시절이 있었지

고구마 순을 잘라
긴 밭이랑 따라 욕심껏 심어
가을이면 서울 사시는 외갓집도 부르고
밭에는 온통 사람소리, 웃음소리
고구마처럼 주렁주렁
행복이 가득 열렸던 시절도 있었지

고구마 꽃을 톡 방에 올렸더니
"행복을 가져다준다"고
모두들 행복해 한다.

고구마 넝쿨을 옮겨 심고
사흘째 바라보니
꽃이 새로 피었다.

그래
지금이, 진짜 행복한 시절이다.

# 막차

막차를 놓칠까
동동걸음을 친다.

서울 나들이 한번에
시골 시내버스, 시외버스, 기차, 전철, 고속버스
시간 맞춰 열 번을 갈아타면 서울을 다녀온다.
그래서
나
시골에 산다.

아침에 일어나
어제 본 산을 또 보아도 정겨워
나
시골에 산다.

십년 세월이
순식간에 지나가
나
시골 영감이 다 되었다.

앞집 아저씨
고구마 한 보쌈 가져오시고,
옆집 사장님
호박 두 개 따서 주고 가니
나
시골에 산다.

누이의
가는 눈썹 같은 달이
빤히 비춰도
외롭지 않아
나
어릴 때처럼
시골에 산다.

시골 시내버스,
참 일찍도 끊긴다.
늦은 밤
고속버스 터미널에는
아내가 차 가지고 날 기다리시고

나
막차를 타고
시골에 간다.

# 가을

가을 낮
한가운데서
갈 곳을 모르겠다.

이제야
인생이
짧은 가을 해 같다.

해질녘 황홀한 노을처럼
온 몸
사르고 싶어라

저 짧은
가을 해가
지기 전에…

# 은행나무

여름 날
도심 속 길게 뻗은 은행나무 그늘 아래
땀 식히던 가로수 길을
그새
잊었는지

가을이 깊어
마음이 시려울 때
노란 은행잎
포근하게 가슴 감싸던 그 길을
그새
잊었는지

가을이 물든 노오란 잎 밟으며
반짝이는 눈으로, 하얀 미소로
손집고 걸으며 추억을 차곡차곡 쌓던
젊은 연인들의 그 길을
그새
잊었는지

단 며칠을 못 참고
은행 떨어져 “냄새가 난다”고
방송하고, 인터뷰하고, “베어버리겠다”고
썩은 내를 풍긴다.

같은 세상에 함께 살아도
잎 떨어진
겨울 은행나무처럼
나만
앙상한 것 같다.

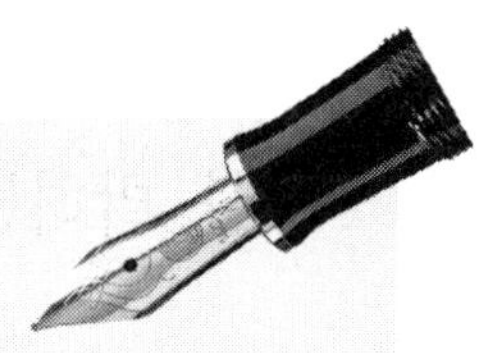

## 신 은 숙

화가
주천강문학회 회원

# 등불 밝히는 모정 외 2편

신 은 숙

한 처음
하늘이 열리고
땅이 열리고
사람이 열릴 때

한 잎의
꽃망울조차
지고 피는
자연의 순리에 앞서

그 어떤
생명에도
모성의 손길
없는 곳 없어라

# 엄마의 사랑

한 소리
새 울음에
마른 가슴
꽃이 피네.

# 그리움

한
삶의
꿈속에

또
다른 꿈

내
몸 밖의

또
다른
나를 기다리네.

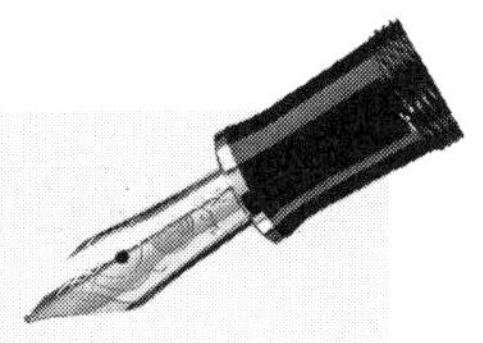

# 이 용 욱

강원도 영월 출생
단종백일장 수상
<자유문예> 등단
<자유문예> 신인상 수상
자유문예 회원
주천강문학회 회원

동인 시집
『가고 싶은 곳에 기다림이 있다』 외 다수

# 밤을 잊은 그대에게 외 4편

이 용 욱

술 한 잔 마시고
춤을 추자.
오늘밤 모두 잊고
둘만을 위해
사랑하는 님 을 위해

오늘밤을 위해
마시자.
이 밤이 지나고 나면
잊혀 지겠지만
오늘밤은
나을 위해

## 마누라 잔소리

딸 사랑한다.
아들 사랑한다.
마누라 고마워요.
잘해주지도 못하고
속상하게해서 대신
당신 잔소리는
죽을 때까지 듣겠습니다.

# 철없는 마누라

자기 밖에 모르고
자기 밖에는 없고
자기 밖에는 무관심
한 사람
언제 철들까?

# 효도해라

하루 종일 항아리에
술을 채우면
열흘이 즐겁고

하루 종일 항아리에
웃음 과 미소를 채우면
한 달이 즐겁고

하루 종일 자식들과
사랑을 채우면
일 년이 즐겁고

하루 종일 부모님을
즐겁게 해 드리면
평생이 즐겁다

# 술을 닮은 님의 얼굴

깨끗한 술잔 위에
내려앉은 꽃잎 하나
달빛에 비친 님의 얼굴
구름도 달빛에 가려
술잔도 비워 가는데
허전한 이 내 마음
달랠 길 없네
술 술 술
술을 다오

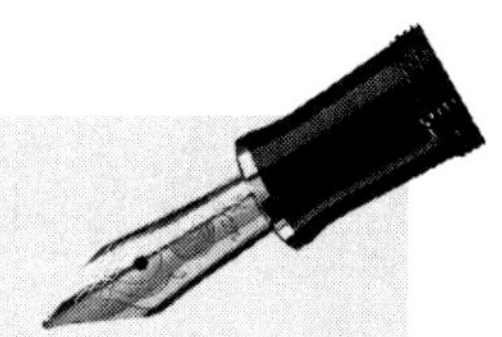

# 이 재 업

강원도 영월 출생
<자유문예> 등단, 시부문 신인상 수상
자유문예문인협회 강원지부장 역임
자유문예작가협회 강원지회장 역임
주천강문학회 회장
현재 문협영월지부. 동강문학회. 주천강문학회 사무국장
5인 시집 : 『아름다운 동행』 출간
동인지 : 『동강에 뜨는 별』 외 다수
시 카페 "시와 별 그리고" 운영
http://cafe.daum.net/12243
다음카페 "주천강 문학회" 운영
http://cafe.daum.net/sj1122

E- mail - leejaeeup@hanmail.net

# 인생 · 2 외 7편

이 재 업

우리네 인생은
이 세사에 소풍 와서
잠시 쉬었다 가는 것을
무엇 때문에
그 무엇에 얽매여
스스로 일탈의 날개를 꺾고
세상의 무거운 짐 실어
마음의 숨통을 죄고 있는가

# 가을 장미

찬 서리 내리는 날
까만 어둠을 갉아먹고
빨갛게 물들인 꽃 한 송이
어둠 속에 귀를 열고
별들의 속삭임을 듣는다

# 시도 때도 없이 피는 꽃

겨우내 수북하게 쌓인
잔설이 녹아내릴 때 쯤
꽃망울 터지는 아픔을 품고
피고 지고 또 피고
이마에 땀방울이 맺힐 때 쯤
비바람을 피해 웃어야 했던 날이
못내 아쉬웠나 보다
찬 서리 내리고 햇살 죽는 날
서걱 이는 갈대의 울음에
쏟아져 눕는 낙엽 사이에서
계절을 건너 피는 꽃
정영
너의 본분을 잊었는가

## 아내의 이름

세상의 그 어느 것 하나
이름이 없는 게 없는데
아내는 그 흔한 이름 하나 없다
예쁘고 건강하게 자라라고
부모님이 지어주신 이름도
한 남자를 만난 후론
그마져도 잃어 버렸다
아무개의 아내
누구누구의 엄마로 사는 것이
당연시되었다고 할까
어쩌다 불러주는 이름이
남의 이름처럼 낯설게 느껴질 만큼
누구의 아내
누구의 엄마가 더 익숙해진
아내는 이름이 없다

# 하늘 끝

하늘 끝 저 너머에는
잘 났거나 못났거나
있는 사람 없는 사람
차별이 없겠지
하늘 끝
저 너머에는
아픔도 없고 슬픔도 없는
아름다운 세상이 기다리고 있겠지

## 설악산 오색온천

비가 내린다
한계령 고갯마루에 널려있던
햇볕은 온데간데없고
검은 구름이 덮인 계곡에 비가 내린다

모처럼 집을 나온 사람들이
삼삼오오 무리를 지어 향하는 곳
맑은 물이 솟아나는 샘물
그 맛을 보기 위에 기다리는 사람들 사이로
어둠은 찾아들고
굵은 빗줄기가 꽂힌 계곡은
흥건하게 젖은 채로 불을 밝힌다

여름 가을 겨울 그리고 봄
스치듯 지나가는 사람들이 남긴 발자국위에
또 다른 발자국이 쌓이고
설악의 깊은 골짜기 작은 마을엔
청아한 소리를 담고 흐르는
시원한 물줄기의 오색천도
성국사 불경소리도 비에 젖는다.

# 한 번 왔다 가는 인생

여보게
저승 갈 때 무얼 가지고 가나
옷 한 벌에 쌀 한 줌
그리고
노잣돈 세 푼이 전부가 아니던가
다투지 마시게
욕심 부리지 마시게
다 마음의 짐이 아니겠는가
잘 났거나 못났거나
늙어지면 다 똑 같은 것을
너무 미워하지 말게
너무 야속하다 하지 말게
다 죽어지면
한 줌 흙으로 돌아갈 몸 아니던가
누구나
한 번 왔다 가는 인생
단 하루를 살다 가더라도
"나"를 사랑하는 사람과
후회 없이 살다 가게나

# 사랑과 배려

꽃피는 봄에는
좋은 일로 많이 웃고
웃어서 행복하고
사소한 일로 다투지 않게 하고
다툼으로 상처 주지 않게 하고
서로를 보듬고 사랑하며 살자
힘든 일이 닥쳐도 참고 이겨내고
서로를 실망시키지 말고
화내고 짜증내지 말고
술은 적당히 마시고
잠은 잘 자고
아파서 약 먹지 말고
밥 많이 먹고 건강해 지고
남들이 하는 말
마음에 담아두지 말고
지기 감정에 솔직하고
마음의 소리를 듣자
사랑하자
그래서
웃을 수 있고
웃어서 행복해지자

# 한 상 섭

한국스토리문인협회 회원

시집 『바탐방은 새벽에 왈츠를 춘다』

# 그네 외 2편

한 상 섭

그네 위에 앉은 여인 마음이 울컥
그네 위에 앉은 나비 날갯짓 살랑
그네 위에 앉은 추억 그리움 가득
앞으로 밀어내니 앞산 진달래 웃음 한 아름
뒤쪽으로 밀어내니 민들레 하얀 솜털이 촘촘
기억의 앨범 속에 초롱초롱 눈망울들
파란 잔디위에 빗줄기 방울방울
그네 타고 내리는 흐려진 하늘이
무뎌진 감정 속으로 과거를 싣고 가네
흔들리는 그네위에 첫사랑의 기억이
유년의 꿈을 타고 흐르네.

# 주천의 행복

맑은 샘이 흘러서 약수가 되고
탁류가 흘러서 막걸리가 되고
가슴속에 흐르는 아련한 기억들이
흘러서 멈춘 이곳은 주천
바라보는 눈 길속에 인정이 샘솟고
스쳐가는 인연 속에 사랑이 싹트는
유유한 강물위에
세월의 흔적을 살며시 얹어놓고
머물고 숨 쉬고 행복을 노래하리.
주천의 이곳에…

## 민들레

밟혀도 밟혀도
꽃씨 방을 잉태한 너
밟혀도 밟혀도
죽지 않고 살아남는 너
말라붙고 밟혀도
파란싹을 틔운 너
모지 고난 견디고도
노오란 꽃을 피운 너
밟히고 꺾이어도 길옆 한 모퉁이를
제 집이라 우겨대며 내년을 기약하는 너
밟혀도 꺾여도 내일은 존재한다고
모진 운명을 이겨내는 너는 민들레

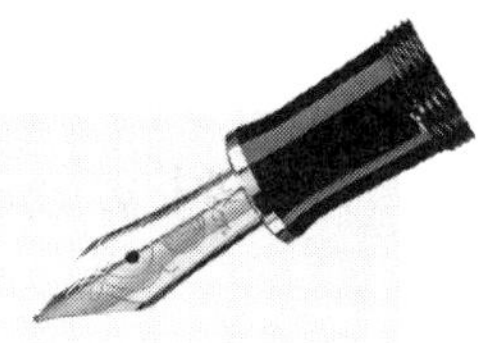

# 권 금 주

강원도 원주 출생
<문예춘추> 계간<스토리문학> 시부분 등단
<대한문학세계> 순우리말 글짓기
전국 공모전 장려상 수상(2014년)
고려대학교 평생교육원 시창작과정 수료
한국스토리문인협회 회원, 문학공원 동인
대한문인협회 정회원, 텃밭문학회 회원
민주문학회 회원
주천강문학회 회원
첫시집 『소롯길에서 만난 사랑』
동인지 공저 『새는 날고 꽃은 피어 』 외 다수
가곡작시 <그대 웃어봐요>

# 정 인 외 4편

권 금 주

사계절 푸르름
변치 않는 소나무처럼
오랜 세월이 흘러도
변치 않는 늘 푸른 그대는
오직 한 사람 나의 정인 입니다

삶의 열정을 가르쳐준 사람
사랑의 고귀함을 알게 한 사람
마음의 빛이 되어주는 든든한 사람
그대는 오직 한 사람 나의 정인 입니다

더운 여름날 반갑게 불어오는
오아시스 같은 한줄기 바람으로
언제나 일상에서 함께하는 사람
그대는 오직 한 사람 나의 정인 입니다

비가와도 젖지 않을
바람 불어도 흔들리지 않을
작고 튼튼한 믿음의 집 하나 지어서
영원히 꺼지지 않을 사랑의 촛불
그대만을 위해 밝히겠습니다
그대는 오직 한 사람 나의 정인입니다

# 아침 풍경

고목 플라타너스
잎사귀마다 굵은 빗물 스며들어
짙은 초록미소로 반기는 아침

낭만 길 따라 흐르는 도랑물엔
송사리떼 소풍길 나서고
홀로 외로운 금붕어 고독을 즐긴다

늦잠 자던 이팝나무
부는 바람에 놀라 경기를 하고
가득 머금었던 빗방울
후두둑 머리위로 쏟아져 흠뻑 젖었다

슬그머니 나오는 웃음
참을 수 없어 누가 볼까
혼자서 한바탕 웃다가
싱그러움에 반해 잊었던 출근길 서두른다

어디선가 솔향기 묻어온다
비릿한 풀내음도 실려온다
긴 머리 축축하게 젖어도 좋은 날
아! 꿈 같은 시간이 흐른다

# 내 사랑입니다

속삭이듯 귓가에 맴도는
자상한 그대 목소리
사랑한다는 그 말 전송해주는
그대는 내 기쁨의 통장입니다

눈앞에 마주볼 수 없어도
먼 거리 달려갈 수 없어도
사랑 받고 있다는 걸 알게 해주는
그대는 내 행복의 곳간입니다

하루가 저물어 정리하는 시간
투정 부려도 미소로 다독이고
지친 마음 기댈 수 있는
그대는 내 사랑의 샘물입니다

# 안개비

아지랑이 가물가물
시야를 흐려놓던 날
긴 머리 뽀얀 이슬로 적셔놓았지요

햇살 갈증나게 애태우고
나뭇잎 끝 타들어가던 날도
예고 없이 그대가 다녀갔어요

부서질 듯 마른 가지
연둣빛 노랗게 바래질 때도
초록물 살며시 뿌려주고 갔지요

안갯속 뿜어오던 물방울들은
보고 싶다 보고 싶다 허공을 떠돌다
그리움으로 맺힌 그대였어요

고이고 고인 기다림이 터져
하얀 빗물 되어 적시던 그대
지금 내 가슴에도 그대가 비되어 내려요

# 알고 싶어요

알고 싶어요
그대도 내 마음과 같은지
먼 산 지는 노을을 바라보며
보고픔의 안타까움으로
한숨지으며 그리워한 적 있는지요

알고 싶어요
그대 날 생각 하는지
산들바람 소리 없이 스쳐가는
어느 공원 벤취에 앉아
문득 내 생각에 간절함으로
내 모습 그려본적 있는지요

알고 싶어요
그대 날 그리워 하는지
밤마다 찾아오는 공허함에
밤하늘 별 헤이며 그대 마음속에
내 별 하나 품고 가슴 설레인 적 있는지요

알고 싶어요
그대의 모든 것이

눈을 감고 떠올려 보는 그대 모습은
늘 내 앞에 있는 것처럼 선명한데
그대 고운 숨소리 내 심장을 뛰게 하는데
나도 그대에게 애틋한 보고픔인지를요

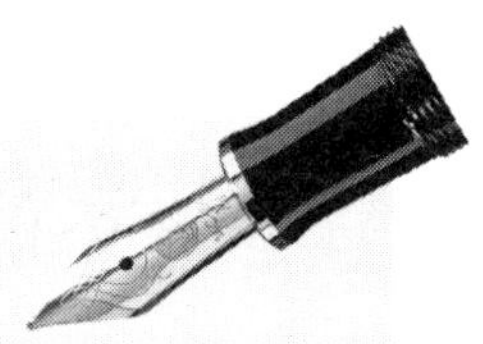

# 박 선 해

<현대시선> 시와 시조로 등단
현대시선수레바퀴 동인
현대시선 회원
김해문인협회 회원
한국스토리문인협회 회원
문학공원 동인
주천강문학회 회원
감성테마여행 동인
가을편지 동인
토방구리문학 활동 중
현대시선문학사 창작동네문학상 대상 수상
영상시문학상 대상 수상

동인지 『꿈을 낭송하다』, 『새소리 밥상』 외 다수

# 다시, 능포바다 외 4편

박 선 해

어쩌다 한번씩은
지난날들을 모두어 순한 얼굴들로
그 길을 다시 걸어 본다

석양 속으로 펼쳐 많은
이야기들이 있는 능포바다에는
옛 마음이나 새 마음이나
쓸쓸한 날이나 즐거운 날이나
기약 없는 사람들이 오가네

갈매기 날으는 길따라
어느 전설은 뉘집 앞 포구에
바람 한 올로 닿을까

새순을 지지우며 핀 꽃들은
연약한 밀어를 기다리고
아무도 없는 망망대해에
침몰하지 않는 배를 향한
강건한 기도가 되리

좋은 사람들이 만나고 헤어지던
비 오는 선창가에는 강태공이
유정 무정을 낚아 올린다

애정이었던가 애착이었던가
한 뼘 두 뼘 매정하지 못한 살결은
주름져 삶의 결을 남기우고
아직 떠나지 않은 먼길을 가며 봄바람이나 흔들리는 갈대나
태양도 얼음도 잊혀져가는
뒤안이리라

분수처럼 치솟아
고동치는 이야기들도
포말되어 흩어져 내리고
가다듬는 호흡 한가락은
물결 위 그리움을 채색하네

웃음소리 칼칼한 능포바다
다시 불러본 회상은 박덩이 빛
추억이 되리라

# 긴 시간의 데생

푸르름 빗금 쳐 짙어가는 가을
언덕을 넘어 가는 가난한 잎새
낭만이 툭하고 떨어지더니
동경에 물든다

산허리는
안개 속으로 감추이고
너 이름 나 이름의
하루를 남겼네

오가는 길
단풍이 물씬하니
갑자기 외롭거나 풍요롭거나
생활이 그러한 동경과 기대에
어긋나더라도 헛된 삶이라
여기지 말아야지

가을은 그렇게 허무한
정준의 고독한 몸부림을
느끼고 있는 것이겠지

슬픈 아름다움으로
낭만 칠한 우리 삶들
긴 시간을 데생해가자

수많은 생각과 망설임 속에
순수한 재치와 그래도 순박한
인생살이는 그만두지 말아야지

가을은 그렇게
'그러면 안녕'하고 돌아서고 있다

긴 겨울을 껴안을 즈음이 되자

# 하얀 여울목

고요한 산속 고목 사이로 드리워진 여울목이 하얀 노래를 부릅니다

하루는 뭇새들이 지저대고 한 낮이나 한 밤이나 꽃피고 별 빛납니다
어찌 그리 아름다운지
여울져 가슴으로 스며옵니다
눈물이 나도록
눈물이 나도록

터질듯한 아픔에 가슴이  미어지고 눈앞이 뿌옇게 뒤흔들리는 날들이었어도
광야에 서 있는 듯 무상한 존재들이지만 햇살은 우리 젊은 가슴을 비추어요

무성히 펼쳐진 꽃잎에 귀 기울이면 반가운 햇살도 덩실덩실 춤춥니다

시작도 끝도 없는 어느 날
수놓인 옷자락을 바라보며
우리의 정원을 노래해요
하얀 여울목을
하얀 여울목을

## 새해 전야에

아늑한 밤자락 끝에 새해를 기다리던 모든 사랑이 걸어 다닌다
감싸 도는 달빛이 거리를 비출 때 우리 영혼은 새 햇살을 반긴다
멋 좀 알고 낭만 좀 찾아 넋두릴랑은 아스팔트길에
취한 취객들 사이로 뿌린다
쩌렁쩌렁 술잔을 부딪치는 저 소리를 들어 보라
위하여!  위하여!
그 사이로 깊은 밤하늘은 평화롭게 흐르고 있다
포근한 밤 고요한 달빛에 사람들이 사는 풍경에 향기를 퍼뜨리고 생애 가장 아름다운 것들을 띄운다
흔들리는 민심을 보며 따라 흔들리는 하늘을 보다
한 해를 보내고 한 세월을 시작하다

# 눈 덮인 동백

차디찬 등줄기 견디니
혼자 누운 붉은 꽃잎
외로워라

혹한에도 산천이 긴장하면
금새 눈은 녹으리

빨간 가슴일랑
들키지 말다가
내 입김 호오~ 불면
있는 맘 없는 맘
다 풀어 뿌리고
동백아 눈을 반짝여
우리 마음도 ㄲ집어라

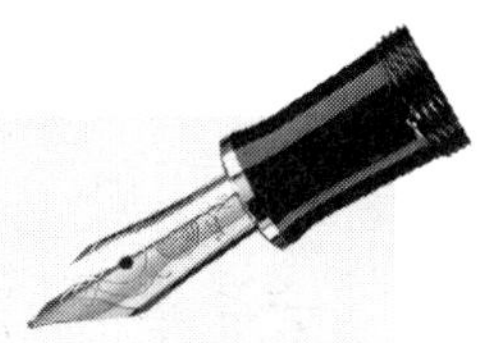

# 김 원 식


계간 <스토리문학> 시 수필 등단

주천강문학회 초대 회장 역임

영월군 문화·관광해설사

자연환경해설사

국가지질공원 강원고생대지질공원 해설사

칼럼집 『영월, 희망을 보다』

[祝詩]

# 중추절 무릉도원 외 1편

김 원 식

강나루 건너 건너
무릉도원 너른 들녘
높디높은 가을하늘
옥색 빛 눈 부시누나.

풍요의 물결 속에
중추절 이 밤 이 밤
한마당 노랫소리
모두가 흥겨웁네

밤하늘 수놓는
불꽃놀이 별들 합창
어울림 함께한 이 밤
곱고도 고운 밤

달님마저 수줍어
살포시 숙인고개
풍년일세 풍요일세
모두 모두 부자 되소서

제8회 전통 민속놀이 경연과 어우러진 수주면 추석맞이 노래자랑(수주면청년회 주최)현장에서의 느낌을 나는 많은 분들께 들려드렸다.

순수

그 마음 그대로 그 노랫소리에 함성과 박수들, 나는 어제의 일을 잊을 수 없다.

이웃마을에서 진행된 추석맞이 노래자랑이었지만, 나는 지금 노래자랑이 아닌 품격 높은 음악회라고 말하고 싶다.

음악회라는 것이 뭐 별다른 것이랴?

신문과 방송에 널리 알려진 인물과 뮤지션이 일반 청중에게 들려주는 노래와 음악들, 이런 것을 음악회라고 칭한다.

동내주민이 출연하는, 아니 출연이라면 더 상투적인 표현이 되겠지만 스스로 노래를 부르겠다고 즉석에서 신청하고, 그 순서에 따라 무대에서 노래를 불렀으니 그 얼마나 다정다감한 시간들 이었으랴. 그것이 그렇게 꾸밈없는 시간들이 나는 더욱 더 많은 정이 가기에 그것을 기획한 수주의 젊은이들에게 감사의 뜻을 표하는 수준을 넘어 존경을 표하고 있다.

면사무소 앞마당 한편에는 어묵국물이 펄펄 끓고, 한쪽에는 소주잔이 돌면서 마을 주부님들이 마련한 안주거리들은 맛있는 음식이었다.

커피와 홍차, 이 날 이 자리에 참석한 모두를 위한 준비 들

누구하나 음식 값을 달라고 하는 것도 아니고, 그저 먹고 싶은 사람은 그냥 달라고 하고,

먹기만 하면 된다.

여느 마을에선 볼 수 없는, 도시에서의 상업성에 길들여져 있던, 모처럼 고향을 찾은 분들과 처가댁을 방문한 사위들 모두에겐 새로운 풍성한 마음과 감동을 주었으리라

그래

그것이 사랑이다. 사랑이 뭐 별게 있으랴, 이웃과 함께 노래 부르고 박수치고 격려해주고

어스름 중추절 달밤에 소주잔을 주고받는 이 정다운 시간들

그 어느 곳에서 이러한 정취를 즐기랴

-2005.09.19.

# 영월 무릉`도원리, 지명의 근원에 대한 고찰

목차

## 1. 머리말

강원도 영월군 수주면에는 무릉리와 도원리라는 마을이 있고, 도원리와 무릉리를 구분하는 중심에는 요선암이라는 큼직한 바위산이 있다. 이곳의 정상에는 커다란 둥글 바위가 있는데 마애여래석불좌상이 새겨져있다. 마애여래석불좌상과 무릉리와 도원리라는 지명에는 어떠한 연관성이 있을까? 에 대한 궁금증이 들기 시작하였다.

자연적인 지형을 보면, 횡성의 태기산에서 발원한 주천강은 도원리와 요선암을 거쳐 무릉리를 지난 후 영월군 한반도면 선암리 한반도지형에서 평창강을 만나 서강이라는 이름으로 흐르게 된다. 이 물길을 따라 오르내리는 사람의 길이 있고, 안으로 굽이돌아 흐르는 지형인 안도내에 터를 잡아 살고 있다. 여름철 장마에는 상류에 있던 고운 흙과 모래를 데리고 내려와 안도내지형에 쌓아놓게 되는데, 토양의 풍부한 영양소가 많아 농사가 매우 잘되는 지형이다.

이와 같이 가만있어도 옥토를 만들어 주는 지형에 터를 잡은 옛날의 어른들이 계셨기에 무릉리와 도원리라는 지명이 얻어지게 되었는데 그 근본은 무엇이었을까? 이에 대한 자문(自問)으로 여러 자료를 찾아보았지만 명쾌한 해답은 얻지 못하였다. 하여, 지금이라도 지명의 근원을 찾아내어 흐트러짐 없는 개념을 정립하고자 했다.

## 2. 영월군 지명에 대한 근본적 접근

지명은 선조들의 사고와 의지가 담겨 있는 것으로 생활을 편리하게 하기 위한 수단으로 이용되어 왔다.

일정지역을 차지하고 있는 위치는 지형, 기후 등의 자연환경과 인구, 역사, 산업 등의 인문환경을 결정짓는 중요한 요소이다. 보통 위치는 위도와 경도로 지구 표면을 구분하여 표시하는 수리적 위치와 지표상의 자연, 인문, 주변 관계를 통해 규정하는 지리적 위치로 구분할 수 있다. 즉, 지명은 눈으로 보이는 것만이 아닌 자연환경과 생태의 역사 속에서 사람의 문화와 역사가 융합되어 있다.

이와 같은 측면에서 보았을 때, 영월군은 여러 차례 편입과 이속, 승격 등을 거치면서 영월읍과 상동읍의 두 개 읍과 중동면, 김삿갓면, 북면, 남면, 한반도면, 주천면, 수주면 등의 7개 면으로 이루어져 있다.

무릉`도원리 라는 마을의 지명이 있는 영월군 수주면은 고려 충렬왕때 주천현 또는 익흥현으로 원주부에 속해 있었다. 조선시대에는 강원감영 소재지인 원주의 동쪽에 자리 잡고 원주목의 6대창(大倉) 하나인 동창(東倉: 주천 소재)에 소속되어 있었다. 1905년 영월군에 귀속되면서 좌변면과 우변면으로 불리다가 1916년 좌변면과 우변면 일부 지역을 합하여 양변면으로 개칭하고 1931년에 다시 현재와 같이 주천면, 수주면으로 분할되었다.

오늘날 영월군의 10대 관광명소로 지정된 수주면의 무릉리에 위치한 요선암(邀仙岩)을 중심으로 윗마을과 아랫마을이 각각 무릉리와 도원리로 나누어져 있다.

무릉리와 도원리, 굳이 리별로 구분하지 않아도 무릉도원이라는 이름자체만으로도 살기 좋은 고장, 복되고 아름다운 세상을 꿈꾸는 모든 사람들의 희망의 세계라 할 수 있다.

무릉도원은 중국의 호남성 동정호의 서남쪽 무릉산 기슭의 강변으로, 호남 무릉의 한 어부가 복숭아꽃이 아름답게 핀 수원지를 올라가보니 바위굴 안에 풍요로운 논밭이 이어져 있으며 사람들은 평화로운 나날을 보내고 있었다는 상징적인 장소이다.[2] 이는 기존의 다른 낙원과 차별이 되는 것이 보통 사람들이 걸어서 갈 수 있도록 일반적인 땅과 연결된 장소라는 것이다.[3] 자연의 본성과 가깝고, 시간을 의식하지 않으며, 분쟁이 없는 평화로운 공간이다. 그렇다면 이런 이상향인 무릉도원이라는 지명이 역사적으로 사용된 4세기경 이후 우리나라에 전해져 영월에 무릉리와 도원리가 만들어진 근원은 자연과 순응하며 살아간 선조들의 삶의 방식에서 비롯되었다는 가설을 제시하여 고찰을 진행했다.

하지만 수없이 많은 세월이 지난 지금, 지명의 근원을 찾아낸다는 것은 많은 이론(異論)이 있을 수 있다. 비판보다는 "그랬을까? 그랬겠지! 그럴 수도 있어!" 라는, 깊이 있는 긍정의 고민을 하는 기회가 되었으면 하는 바람이다.

또한, 본고는 영월군·정선군·평창군·태백시 등 4개 시·군이 연합하여 진행하고 있는 국가지질공원으로 지정받기 위한 하나의 자료이

---

2) 중국 진나라의 도연명이 지은 유기(遊記)인 『도화원기(桃花源記)』에 등장하는 내용이다. 무릉도원은 진인동(秦人洞)을 비롯한 실향민 부락의 전설이 담겨 있으며, 도연명이 노자(老子)의 소국과민(小國寡民) 사상을 유려하고 격조 높은 문장으로 그린 것이다. 이 무릉도원은 선경(仙境)을 이야기 할 때 중요한 단어로 이용되며, 유토피아 사상으로 후세에 크게 영향을 주었다.

3) 임보영, 「유토피아의 현대적 해석 및 표현 연구 : 나의 작품을 중심으로」, 동덕여자대학교 석사학위논문, 2014, 12~13쪽.

자 영월의 명소에 대한 자연환경`지질공원`문화관광해설을 위한 스토리텔링 자료이기도 하다.

## 3. 무릉·도원리와 관계된 유적

### 1) 무릉리(武陵里) 지명의 유래

이곳은 태기산과 백덕산에서 내리는 맑은 계곡이 요선암과 어우러져 빼어난 자연경관을 자랑하고 있으므로 마을 이름도 무릉리라 하였다. 무릉도원은 도연명(陶淵明)의 「도화원기(桃花源記)」에 나오는 이상향으로 사람들이 화목하고 행복하게 살 수 있는 곳이라는 뜻으로 설구산 동쪽동네를 무릉리, 그 서쪽을 도원리라 부르고 있다.

### 2) 도원리(桃源里) 지명의 유래

1914년 행정구역 개편때 안도내(內桃川), 서운리(西雲里) 우변면의 바깥도내(外桃川) 일부를 합한 후 '도원리'라 하였다. 특히, 도원리에는 핵솔(화약골)과 꽃바위 뒤에 있는 도원산성이 있다. 도원산성(桃源山城)은 법흥산성, 공기산성과 같이 평창방면에서 넘어오는 적을 막기 위해 쌓은 토성과 석성이 혼합된 형식으로 지금은 2km 정도의 흔적이 남아 있다. 이 근처에는 횟골(화약골), 병지내(兵陣川) 등 군인들의 주둔과 관련된 지명이 많이 남아 있다. 전하는 얘기에 의하면 891년 원주의 토호세력인 양길의 부하가 된 궁예가 이곳에서 진을 치고 영월, 평창, 진부, 강릉을 공격했다고 한다.

### 3) 무릉리 요선암 돌개구멍

강원도 영월군  수주면 무릉리 1423번지 일원 35,927.5㎡ 의 면적에 펼쳐져있는 『영월 무릉리 요선암 돌개구멍』에 대하여 문화재청에서는 2013년 4월11일 천연기념물 543호 지구과학기념물 지질지형으로 지정하였다. 요선암은 신선을 맞이하는 바위라는 뜻으로 조선시대 문인 봉래 양사언이 평창군수시절 이곳의 풍광을 즐기며 요선암이라고 새겼다고 한다. 요선암에는 다양한 형태와 규모의 하식기원인 돌개구멍이 화강암반 하상 위에 폭넓게 발달되어 있어 하천의 윤회와 유수에 의한 하식작용 등을 밝힐 수 있는 학술가치가 크며, 여러 개의 돌개구멍이 복합적으로 발달된 지형자체가 가지는 경관 가치도 우수하다.

돌개구멍(Pot Hole)은 '속이 깊고 둥근 항아리 구멍'이란 의미로 하천에 의해 운반되던 자갈 등이 오목한 하상의 기반암에 들어가 유수의 소용돌이와 함께 회전하면서 기반암을 마모시켜 발달하는 지형이다. 보통 하천의 상류지역에서 빠른 유속과 큰 에너지를 바탕으로 형성된 와지에 자갈이나 모래와 같은 퇴적물질이 들어가, 와동류(회오리가 이는 듯한 물살)에 의해서 반복적인 회전운동을 통해 포트 홀 내벽을 침식, 점차 포트 홀이 성장하게 되며, 지속해서 내벽 및 하부침식이 일어나 커다란 항아리 모양으로 기반암을 파게 된다. 주로 사암이나 화강암과 같은 등질성(等質性)의 단단한 암석에서 잘 발달하며, 형태로는 원형이나 타원형이 다수를 차지한다.

### 4) 요선암의 유래

이곳을 요선암이라 부르게 된 이유는 조선 중기의 유명한 풍유가로 평창과 강릉부사를 지낸 봉래(蓬萊) 양사언(楊士彦)이 경치에 반하여 선녀탕 위 바위에다 '요선암(邀仙岩)'이라는 글씨를 새겼는데 지금도 흐릿하게 그 흔적이 남아있다.

### 5) 무릉리 마애여래석불좌상(磨崖如來石佛坐像)

강원도 유형문화재 제 74호인 무릉리 마애여래석불좌상(磨崖如來石佛坐像)은, 타원형의 양감이 풍부한 얼굴에 온화한 미소를 가득 머금은 채 무릉계곡을 굽어보고 있다. 불대좌에서 머리까지의 높이는 3.5m, 마애불을 받치고 있는 밑의 자연암반부터의 높이는 7m이며, 결가부좌한 폭은 3.25m이다.

둥글고 큰 원형의 화강암재 전면에 조각된 마애불로 얼굴은 양각(陽刻)으로 되어 있으나 그 밖의 부분은 선각(線刻)으로 음각한 좌상이다.

얼굴은 타원형으로 양감이 풍부하며 머리는 소발로 육계가 있다. 상체는 길고 원만하지만 결가부좌를 하고 있는 하체를 상체에 비하여 크게 표현함으로써 조금은 균형을 잃고 있다. 두 손은 가슴에 표현하였는데 오른손은 자연스럽게 펴서 손등을 보이고 왼손은 오른손에 평행이 되게 들고 있으며, 법의는 통견이다. 광배는 두신광을 표현하였으며, 그 중 두광은 연꽃무늬를 돋을새김 하였고, 신광은 두줄로 선각해 놓았다. 밑에 연꽃문양의 대좌가 있고, 그 위에 부처가 앉아 있는 모습이다. 불상 머리 위에는 점판암(粘板巖)의

판석을 모자처럼 씌웠다.

전체적으로 상하의 균형을 잃고 있다고 하겠으나 힘찬 기상이 잘 표현되어 있는 고려시대 불상으로 지방 장인이 조각한 것으로 추정된다. 강원도에는 암벽 면을 깎아 만든 마애상의 유래가 드물어 존재적 가치가 크다 하겠다.

### 6) 향리향약의 전통이 이어지는 무릉도원 요선계[4]

요선계는 영월군 수주면 무릉리를 중심으로 인근에 있는 중방동, 도곡동, 두릉동, 하동, 도천동 등 5개 마을의 지역민이 대상이 되어 조선 중기에 이곳에 세거(世居)하고 있던 원주 이씨, 원주 원씨, 청주 곽씨 등 3성의 대표들이 모여서 조직한 계이다. 현재 계의 명칭이 '요선계'이며, 이는 무릉리에 있는 요선암과 요선정을 중심으로 계의 고사(庫舍)가 있었으며, 매년 강신회(講信會)도 이곳에서 개최하였기에 '요선계'라 칭한 것이다. 일명 3성이 조직한 계라 하여 '삼성계(三姓稧)'라 부르기도 한다.

현재는 지역민 전체의 계는 아니지만 계가 형성되었을 초기에는 3성을 중심으로 한 사족사회원들의 상계(上稧)와 일반 지역민과 서얼이나 집안의 노비들의 계인 하계(下契)가 연계된 형태를 보이고 있어, 지역민 전체가 참여한 대동계(大同契)의 성격을 지녔었다고 할 수 있다. 요선계가 최초로 형성된 연대는 정확히 알 수 없지만 현재까지 전해 내려오는 계의 입약문(규약)에 의하면 "1695年(康熙 乙亥之春) 봄 화재로 인하여 계의 문서와 창고가 전소(全燒)되었으며, 마을에서 공동으로 사용하는 길례(吉禮)와 상례(喪禮)에

---

4) 이상국, 「요선계(邀僊稧) 관련 자료의 유형 및 의의」, 영월문화원, 2005.

쓰는 기구들이 모두 불에 타 없어 졌다."는 기록으로 보아 적어도 그 이전에 이미 계가 조직되어 있었음을 알 수 있다.

1695년에 화재를 당한 후에도 다시 요선계의 구성원들은 활발히 활동하여 다시 전과 같이 계를 운영하였으나 47년이 지난 1743년(乾隆 癸亥之冬)에 다시 화재를 만나 문적(文籍)과 조약(條約)들이 소실되었다. 다음해인 1744년에 요선계 입약문을 새로 만들었으며 이것이 현재까지 전해지고 있다.

요선계는 사족 또는 양반을 주축으로 하는 상계(上契)와 평민을 중심으로 하는 하계(下契)가 결국 한 지역을 표방하고 그 위에 혈연적인 규제가 가해지고, 상민이나 노비 등도 다 같은 계원으로 인식하는 의식이 점차 확대되면서 조화롭게 융합되어 운영되었다. 그러다가 임진왜란을 거치면서 점차 지역단위의 공동체가 강조되기 시작하였다. 따라서 그때까지 있어 왔던 하계를 흡수하려는 노력이 거세어졌다. 결국 요선계의 향약(鄕約)과 일맥상통하게 되면서 자연스럽게 상 · 하계가 통합되었다.

기록으로 남아있는 좌목(座目), 영모록(永慕錄` 僊錄), 유사전장기(有司專掌記), 입약문(立約文)에 대하여 조금 더 구체적으로 살펴보면, 좌목(座目)은, 생존하고 있는 요선계원의 명첩(名帖)이 첨부된 일종의 계원 명부이다. 좌목에 명첩이 첨부되는 요건은 일단 상계원(上契員)인 경우는 한 가구주인 호주가 사망했을 시 사망한 상계원의 명첩을 떼어 영모록(永慕錄` 僊錄)으로 옮기고 그의 장자의 명첩을 새로 만들어 붙임으로서 부친이 갖고 있던 계원으로서의 자격을 자동적으로 승계 받았다. 하계원(下契員)인 경우 새로 계원이 될 것을 희망할 때 봄` 가을 강신일(講信日)에 상` 하 계원 전체 모임에서 허락을 받고 입회하였다. 그러나 실질적으로 하계원의 경우 동내에 거주하면 의무적으로 계원이 되었으며 좌목에 첨부된 명첩에는 성명, 출생년, 자명(字名)을 기록하고 있다.

영모록(永慕錄` 僊錄)은, 요선계 상계원으로서 좌목에 명첩이 붙어 있다가 사망하면 좌목에서 떼어내어 옮겨 붙이는 부책(簿冊)이다. '영모록' 또는 '선록'이라고 부르는 의미는 계원이 사망하면 신선(神仙)이 된다는 의미에서 붙여진 명칭이다. 옮겨 붙이기 전에 명첩 아래 부분에 사망한 년도(干支)를 기재하여 영모록 끝에 붙이게 하였는데 사망 연대순으로 게첨(揭添)하고 있다.

유사전장기(有司專掌記)는, 계 운영을 위한 직임(職任), 기물(器物)의 인계인수, 각종 사안과  금전 지출을 기록하는 장부이다.

입약문(立約文)은, 계원으로 가입하는 자와 계원으로서 지켜야할 규칙(규정)인데 31개조에 이르는 규정들을 요약하면 사람으로서 지켜야할 기본적인 도리와 함께 살아가는데 필요한 상부상조를 강조하면서 이를 어길 경우에는 그에 합당하는 벌칙들로 구성되어 있다. 주요내용은 다음과 같다.

(1). 집안과 백성을 위하는 근본은 오륜사상(五倫思想)이며, 이것을 잘 지켜서 국가를 융성하게 하고 백성을 편안하게 하며 가정을 안락하게 하여야 한다.

(2). 부모는 자녀를 사랑하며, 자녀는 부모에게 효도하고, 부부는 화목하며, 동기간에 우애가 두터운 가정은 서로 이웃에게 알려 상을 주도록 하며, 그렇지 못한 가정은 벌을 주어야 한다.

(3). 상과 벌은 공정히 하며, 큰 상과 벌은 관청에 알려 관청에서 시행토록 하며, 작은 상과 벌은 마을의 계원들이 모여서 처리하되 일의 경중(輕重)에 따라서 다스린다.

(4). 마을에서 상을 받은 사람은 계원들이 모여서 축하해 주며,

마을의 모범이 되는 사람으로 존경하고 추앙한다. 마을에서 벌을 받은 사람은 계원들이 모인 가운데 책임자가 당사자 면전에서 잘못을 지적하고 본인이 잘못을 시인하고 용서를 구하도록 한다. 이에 불복(不服)할 때에는 마을에서 손도(損徒)하고 그래도 자기의 죄를 깨우치지 못할 때에는 계의 좌목(계원 명부)밑에 그 사유를 적어 제명(除名)하고 영출(永黜)한다.

(5). 마을에서 시행하는 벌은 경우에 따라 처리하되,

면책(面責) : 여러 사람이 모인 자리에서 꾸짖어 반성(反省)하도록 함.

손도(損徒) : 따돌려서 서로 상종치 못하게 하고 농기구의 이용이나 두레 조직에서 배제되며, 혼상구(婚喪具)의 이용권이 박탈된다.

태벌(笞罰) : 주로 하계원의 징계에 해당되며, 규칙을 위반 했을 시에 매를 쳐서 다스리되 태벌은 경중에 따라 장15-20대에 처한다.

영출(永黜) : 동계 명부인 좌목에서 그 이름 밑에 죄명을 적고 명첩을 떼어 낸 후  동계에서 추방한다.

(6). 죄를 스스로 뉘우치고 면책 받고자 할 때에는 상황에 따라 술과 안주, 또는 쌀을 강신일에 납부하면 면책 받을 수 있으나 그 기준은 다음과 같다.

제진면책(齊進面責) : 청주 1동이, 탁주 1동이, 대행상(大行果 : 큰 주안상) 1좌(坐).

손도(損徒) : 청주 2동이, 탁주 2동이, 대행과 2좌

영출(永黜) : 청주 3동이, 탁주 3동이, 대행과 3좌 이상의 물품

을 강신일에 납부하고 계원에게 사죄하면 용서해 준다. 이때 받은 물품 중 청주는 상계원, 탁주는 하계원용이다.

(7). 강한 자가 약한 자를 멸시하며, 다수가 소수를 능멸하며, 가진 자가 못가진자를 업신여기며, 어른이 어린이를 학대하고, 젊은 이가 늙은이를 능멸하거나, 서얼이 적자를 능멸하고, 천한 자가 귀한 신분을 멸시하는 등 비윤리적 행동을 하는 사람은 그 행위의 경중에 따라서 동계에서 처벌하되 그 죄가 무거우면 관청에 알려서 관청에서 다스리도록 한다.

(8). 종족(宗族)은 서로 화목하고, 이웃 간에는 서로 화합하며, 길흉사에는 서로 돕고, 질병 시에는 서로 문병하며, 수망(守望 : 마을을 지키는 일)에는 서로 합심하여 도와야 하는바, 그렇지 못 할 때에는 그 경중에 따라 마을이나 관에서 처벌하도록 한다.

(9). 앞에서는 옳다하고, 돌아서서는 비방하며, 남의 잘한 일을 감추고, 과실만을 들추어  비방하며, 작은 일에도 논쟁을 벌여서 남을 중상모략하며 유언비어를 퍼뜨려 사회를 어지럽히는 자는 그 죄의 경중에 따라 처벌한다.

(10). 백성으로서 국가에 대하여는 의무를 다할 것이며, 자기의 의무를 다하지 않고 불평 불만하는 자가 있거나 계의 규약을 준수하지 않거나 계의 총회에 불참하는 자는 그 경중에 따라 처벌하되, 다만 계에 불참한 경우에 한해서 사전에 그 사유를 서면으로 제출하면 면책하여 준다.

(11). 관혼상제(冠婚喪祭)에 필요한 장비와 기물을 준비하여 두고 일이 있을 때 이를 사용하게 하며, 계원이 아니거나 다른 마을에서 사용을 희망할 때에는 세를 미리 받고 대여한다. 이때에는

유사가 책임지고 세를 받으며, 기물의 출납을 감독하고 그 책임을 진다.

(12). 관청의 명이 있을 때는 정성껏 봉행하고 관의 명을 어기거나 범하지 말고 납부할 세금이나 부역(賦役)은 때맞춰 지킬 것이며, 관장을 비방하거나 망언을 해서는 안 되며, 그 행위에 따라 처벌하되 그 죄가 크면 관청에 알려 처벌하도록 한다.

(13). 계원이 억울하게 모함(謀陷)을 받으면 계원 전체가 발문(發文)하여 그 억울함을 풀어 준다.

(14). 계원이 수재, 화재, 기타 질병 등 어려운 일을 당할 때에는 계원 전체가 전곡(錢穀)과 부역(賦役)으로 도와준다.

(15). 계는 매년 봄 3월과 가을 9월에 정기강신(定期講信) 모임을 갖되 발문(發文)하여 모이고 연장자순으로 앉아서 계의 규약을 소리 높여 읽은 다음 규약에 위반한 사람이 있을 때는 그 죄에 따라 처벌을 논하고 다스리되 다만 한 가지 사유에 대하여 두 번 벌하지는 않는다.

(16). 강신회의(講信會議) 시에 여러 사람의 뜻을 따르지 않고 자기 혼자만 고집을 부리며, 언사가 공손하지 못하거나 술에 취해 큰 소리를 지르며, 규약을 어긴 자는 그 죄가 무거운즉 손도에 처하고 가벼우면 부백면책(浮白面責)하며, 하계원인즉 태벌로 다스린다.

(17). 통문을 전하지 않거나 무단으로 강신회에 불참할 때는 상계원은 제진면책(齊進面責)하며, 하계원이면 태벌 15대로 다스린다. 단 정당한 사유를 갖추어 서면으로 제출하면 죄를 면할 수 있다.

(18). 계소유의 전곡은 계의 유지를 위해 매우 중요한 자산임으로

지체없이 납부하되 고질적으로 미납하는 자는 양곡(糧穀) 1말 이나 또는 돈 1전을 미납할 때에 상계원이면 그 종에게 매를 쳐서 징구(徵求)할 것이며, 하계원이면 당사자에게 매를 쳐서 징구한다.

(19). 길례시(吉禮時)에 남자일 때는 장복(章服), 관대(冠帶), 함화(函靴), 사모(紗帽) 등을 지급하며, 여자일 경우에는 혼례복(婚禮服), 대대(大帶), 교배석(交拜席), 자장(資粧 :화장품) 등을 지급한다.

(20). 남녀의 장복(章服)은 계원과 직계 가족에 한하고(竝居者 不許) 혹 비계원이나 타동리 사람이 대여 받고자 할 때에는 길례용구 임대료는 남녀 각각 세전 1량 5전씩이다.

(21). 흉례시(凶禮時) 친부모, 처부모, 본인과 처의 상(喪)에 한해서 무상 대여한다.

(22). 친부모와 처부모의 상을 당할 시는 부미(賻米) 5두를 지급하고, 초상시에 공석(空石) 1장씩을 가져와 제례청을 꾸미고 장례식 날에는 조묘꾼(造墓軍)을 보내 하루씩 도와줄 것이며, 조묘가 모두 끝난 후 집으로 돌아가야 한다.

(23). 친부모와 처부모가 모두 없는 계원은 동기간이나 숙질간의 상을 당했을 때에 위의 례에 준하여 지급한다.

(24). 농사철을 맞아 역질을 앓아 일을 할 수 없을 때에는 각자 점심을 지참하고 가서 봄철이면 파종을 하고 가을철이면 추수를 도와야한다.

(25). 혹 어떤 이가 모함을 당하여 스스로 풀 능력이 없을 때에는 동계에서 모두 들고 일어나 발문하여 억울한 일을 풀어 주어야 한다.

(26). 수재나 화재를 당하면 서로 문안하고 그 경중에 따라 적당하게 힘을 보태 주어야 한다.

(27). 도둑질을 하거나 범인을 숨겨 주어서는 절대로 안 되며, 특히 남이 가꾸어 놓은 농작물을 훔친 사람은 엄하게 다스려야 한다.

(28). 계원 가운데 각각 조상을 위해 산소와 산을 가꾸고 있으나 미련하고 포악한 사람(頑悍之類 완한지류)은 몰래 들어가 나무를 베고 불을 놓아 산을 태우는 일이 있으니 발견되면 그 경중에 따라 치송(稚松)은 10그루당 1전을, 큰 소나무는 1그루당 1전을 벌로 과해야 한다.

(29). 7-8월에는 계에서 정하는 바에 따라 전부 나와서 길가의 풀을 베고, 9-10월에는 강에 다리를 놓아야 한다. 위반자는 벌전미 1두를 내고, 이것마저 이행치 않으면 태벌 20대로 다스린다.

(30). 뿌리 없이 타관으로 흘러 다니는 자는 병역기피자(軍保 군보)이거나 번전(番錢)을 내지 않은 사람이니 동내 상하 간 굳은 약속으로 절대 접촉치 말 것이며, 만약 숨겨주는 자가 있을 시는 두 사람 모두 무거운 벌로 다스려야 한다.

(31). 계의 책임자가 교체될 때에는 전곡 등 계의 재산과 물품 목록을 정확히 작성하여 인수인계를 철저히 할 것이며, 서류와 함께 정해진 궤에 넣어서 창고에 보관하여야 한다.

## 4. 지명의 근원은 요선암(邀仙岩)에 새겨진 신선

강원도 영월군 수주면 무릉리에 있는 요선암에는 강원도 유형문화재 제 74호인 마애여래석불좌상이 거대한 바위에 새겨져 있다.

즉, 둥그런 바위의 벼랑을 갈고 다듬어서 만들었는데 앉아 있는 불상이다 는 뜻이다.

하지만 불상이 새겨지기 이전에는 자연적으로 생성된 '토르(tor)[5]'라는 학명(學名)의 바위가 있었던 것이다. 둥글 바위 토르라는 것은 두부모처럼 층층이 쌓여있는 방상절리(方狀節理)이다. 즉, 용암이 굳어져서 화강암이 되었고, 세월의 변화에 따라 땅 속 깊은 곳에 있던 화강암은 강물의 흐름에 따라 화강암을 덮고 있던 흙이 쓸려 내려가 지표면이 낮아지면서 화강암은 노출되게 된다. 위에서 내리 누르는 땅덩이의 힘·압력이 사라지게 되어 커다란 하나의 덩어리이던 화강암은 두부모처럼 여러 층으로 갈라지게 된다. 그리고 맨 위에 있는 바위는 햇빛과 비와 바람 그리고 계절의 변화를 맞이할 때마다 모서리부터 다듬어지기 시작하여 오랜 세월이 지나면서 둥글 바위 토르가 된다.

이러한 세월의 과정을 거친 자연환경의 역사에 사람의 역사가 더해지게 되었다. 즉, 산과 강을 중심으로 선사시대부터 사람이 살기 시작하여 씨족사회를 형성하게 되었다. 그러면서 마을이라는 개

5) 토르(tor) : 차별적인 풍화작용을 받은 결과 그 지역의 기반암과 연결되어 지표에 노출되어 형성된 독립성이 강한 암괴미지형을 말한다. 형태적으로는 '똑바로 서 있는 석탑'이라는 의미의 어원을 갖고 있는데, 이는 본래 영국의 다트무어(Dartmoor) 지방의 화강암괴를 지칭하는 지방어(켈트어)였다가 현재는 세계적으로 사용하는 용어가 되었다. 토르의 성인으로는 1단계 발달이론과 2단계 발달이론으로 분류된다. 1단계 이론은 주빙하작용, 솔루션 팬(solution pan)에 의한 수직붕괴작용, 페디플라네이션(pediplanation) 작용에 의해서 발달한다는 이론인데, 이와 같은 작용들은 모두 지상에서의 풍화작용을 동반하는 과정에서 토르이 발달을 가져온다는 이론이다. 이는 주로 온대기후 지역에서 토르의 성인을 밝히는 이론이다. 2단계 발달이론은 심층풍화에 의해 지하에 형성된 핵석이 지표에 노출되는 과정에서 토어의 발달을 가져온다는 것이다. 이 이론은 주로 열대기후지역의 토르의 성인을 밝히는 이론이다. (자연지리학사전, 2006.5.25, 한울아카데미)

넘의 자연부락이 나타났다.

마을은 지리적 위치나 생활환경에 따라 60~70가구정도로 자연부락을 이루어 정착생활을 하였다.[6] 오랫동안 유사한 환경에서 자란 사람들이 자연적 질서에 순응하며, 약간은 부조화스럽지만 정신과 건축이 서로 연계하여 마을이라는 공간구성이 이루어졌다.[7]

이와 같은 마을은 구체적으로 1)지리적 환경 및 경제적인 조건을 공유하는 지연체(地緣體), 2) 생활문화 공간으로서의 동네, 3) 행정편제상의 리(里)·동(洞)·촌(村)의 중층구조, 4) 혈연과 신분적인 구성체로서의 성격들이 복잡하게 연결된 것이었다.[8]

이처럼 요선암의 둥글 바위를 중심으로 형성된 자연마을은 지리적 환경과 생활문화 공간으로서 자리하게 되었는데 요선암과 마을의 이름인 무릉리와 도원리라는 지명의 근원은 신선을 맞이하는 바위라는 뜻인 요선암(邀仙岩)으로부터 시작되었다는 가설을 깊이 있게 구체적으로 제시한다.

【옛날 옛날에 아주 옛날에 농사짓기에 좋은 땅이 있었고 가뭄이 들지 않는 강변에 터를 잡고 살았던 사람들에게는 세월이 흐를수록 걱정거리가 생기게 되었다. 식구는 자꾸 늘어나는데 비례하여 농사짓는 땅에서 생산되는 농작물로는 식량이 부족하게 되었고, 이로 인하여 이웃과 이웃, 사람과 사람 사이에서 잦은 다툼이 발생하게 되었다. 이것을 어떻게 해결하면 좋을까? 고민하던 마을 사람들이었다. 어느 날 강변길을 걷다가 건너편을 바라보게 되었는데

---

6) 조성기, 『한국의민가』, 한울, 2006. 51쪽.
7) 김홍식, 「마을 공간구성 방법에 대한 한국 전통 건축사상 연구-충북 괴산면 청안면 운곡1리, 괴실마을을 중심으로」, 『대한건축학회지 제19권 64호』, 1997, 45쪽.
8) 이해준, 『조선시기 촌락사회사』, 민족문화사, 1996, 44쪽.

큼직한 바위가 두부모처럼 층층이 쌓여 있고(방상절리), 맨 위쪽에는 하얀 꽃망울과도 같은 둥그런 바위가 보였다(화강암). "저것이 무엇일까? 저렇게도 요상한 바위는 무엇일까?" 하여 올라가 살펴 보았더니, 주변의 산은 온통 바위산인데 둥그런 바위 하나가 턱하니 자리 잡고 있는 모습이 너무도 신령스럽게 느껴졌다. 둥글 바위 앞에 모여 앉은 사람들은 그 자리에서 모두가 평안하게 잘 살 수 있게 도와달라고 기도하기 시작하였다.[9] 하루가 지나고 열흘이 지나 백 일째 되는 날 밤에, 갑자기 하늘에서 천둥 번개를 치면서 밝은 빛 오색무지개 다리가 놓이더니 스르르 소리를 내면서 신선이 내려와 둥그런 바위 앞에 턱하니 가부좌를 틀고 앉아서 하시는 말씀이 "마을의 이름을 무릉도원이라고 한다면 모두가 잘 살 수 있느니라" 라고 알려주는 것이었다. 바라고 원하던 바를 가르쳐준 신선이 너무도 고마워 모두가 그 자리에서 감사의 절을 올리기 시작하였는데 세 번째 절을 하고 고개를 들었더니 금방까지도 앞에 계시던 신선은 아니 보이고 둥그런 바위만 보였다. 깜짝 놀라서 자리에서 벌떡 일어섰는데 정신을 차리고 보니 앉아서 꿈을 꾸었던 것이었다. 오랜 날을 기도하다 보니 자신들도 모르게 잠이 들면서 꿈을 꾸게 되었고 꿈속에서 신선을 만났던 것이다. 꿈에서 만난 신선을 잊어버리지 않기 위해 그 자리에서 그림으로 그려놓게 되었고, 그려진 그대로 둥글 바위에다 섬세하게 새기게 되었던 것이다. 그리고는 신선이 알려준 그대로 아랫마을은 무릉리, 윗마을은 도원리라

---

9) 마을에 존재하는 동굴바위는 마을신으로 보았고, 동민을 보살펴 주는 존재로 마을을 보호하기 위해 밖에서 들어오는 잡귀, 액살, 재앙을 막아 마을사람들이 잘 살 수 있도록 보살펴 준다고 믿었다. 당시 영월은 농촌이기 때문에 풍년기원과 재해방지를 주목적으로 동제를 지냈을 것으로 보인다.

부르게 되었다.

무릉도원! 무릉도원! 마을 주민들의 염원이 담긴 외침을 하늘도 들었던지 그 해 여름 큰 홍수가 나면서 상류에 있던 고운 모래와 흙을 모두 데리고 내려와 무릉리에 한덩이, 도원리에 한덩이 쌓아 놓는 것이었다. 넓은 땅이 생긴 주민들은 신선이 도와준 덕분이라면서 모두가 기뻐하게 되었다. 강물이 데리고 온 퇴적물이었기 때문에 기름진 옥토에 심은 곡식은 풍년이 되었고 서로가 서로를 도우면서 잘살게 되었다. 이 모든 것은 꿈에서 만난 신선이 도와준 덕분이기에 수확한 농작물로 음식을 만들어 9월 9일 구구절에 감사의 제례를 올리기 시작하였다. 이때부터 신선을 맞이하는 바위라는 뜻으로 맞이할 요(邀)자에 신선 선(仙)자에 바위 암(岩)를 따서 요선암이라 부르게 되었다.[10]

무릉리와 도원리에는 원주 원씨(觀瀾派, 護軍公派), 원주 이씨

---

10) 강원도 영월군 수주면의 무릉리와 도원리는 전형적인 농촌마을이다. 무릉리는 태기산과 백덕산에서 내리는 맑은 계곡이 요선암과 어루러져 빼어난 자연경관을 보이며 설구산 동쪽에 위치하고 있고, 도원리는 땅이 기름지고 논이 많은 농촌으로 설구산 서쪽에 위치하고 있다. 이러한 무릉리과 도원리는 전국적으로 많이 있다.

무릉리는 강원도 영월군 수주면, 강원도 정선군 남면, 충청북도 괴산군 청천면, 경상북도 안동시 남후면, 경상남도 밀양시 단장면, 경상남도 함안군 칠서면, 경상남도 거창군 남하면, 경기도 안성시 대덕면, 강원도(북한) 이천군 동부, 경상북도 상주시 은척면, 전라북도 진안군 주천면, 제주특별자치도 서귀포시 대정읍, 충청북도 충주시 살미면 등이 있다.

도원리는 강원도 영월군 수주면, 경상북도 의성군 봉양면, 충청북도 괴산군 청천면, 충청남도 천안시 동남구 병천면, 강원도 고성군 토성면, 충청북도 청주시 청원구 내수읍, 충청남도 당진시 송악읍, 충청북도 보은군 내북면, 충청북도 청주시 상당구 문의면, 경기도 양평군 청운면 등에 있다.

이 중 충청북도 괴산군 청천면도 강원도 영월군 수주면처럼 무릉리와 도원리가 위치한 지역으로 자연마을로 처음에는 한 마을이였다가 지금은 행정마을로 분류되어 나눠지게 되었다는 것이다. 전국은 무릉리와 도원리는 대부분 무릉도원의 전설과 밀접한 관련이 있다.

(坡州公派), 청주 곽씨(密直公派) 등의 집성촌이다. 함께 살아가는 데 필요한 질서와 예절 그리고 규칙이 필요했던 3성의 대표들은 향촌사회의 지역조직이자 향리향약인 요선계(邀僊契)를 결성하기에 이르렀다. 그리고는 매년 요선계(邀僊契)의 총회를 개최하면서 1년 동안의 살림살이와 마을 대소사에 대한 논의와 결정을 하게 되는데, 이때의 결정에 따라서 마을의 주민들은 흐트러짐 없이 질서정연하게 실천을 하게 된다.

지금으로부터 320년 전인 1695년 이전의 기록은 잦은 화재로 소실되었다 하였으니 그 옛날부터 결성된 요선계(邀僊契)는 2015년 오늘도 이어지고 있다. 기록이 중요하기에, 현재 국립춘천박물관에 소장되어 있으며, 중수서문(重修序文). 좌목(座目). 영모록(永慕錄 ). 유사전장기(有司專掌記). 입약문(立約文)을 요선정으로 이송하여 한 해 동안의 내력을 마무리한 후 반납하게 된다.

둥글 바위 토르, 요선암에 새겨진 신선에 대하여 오늘날에는 유형문화재로서 "고려시대의 불상으로 보인다." 고 하였지만, 시대의 잣대를 대기 이전인 옛날 옛날에는 이러한 마을만의 내력이 있었다.

신선을 맞이하는 바위 요선암! 신선은 둥글 바위에 새겨져 기다리고 있기에 신선은 그 누구도 아닌, 무릉`도원리를 찾아오는 분이 바로 신선인 것이다!】

즉, 무릉`도원리라는 지명의 근원은 자연환경의 역사로서 수만 년 전부터 둥글 바위 토르가 이 자리에 있었고, 사람의 역사로서 수천 여 년 전에 터를 잡고 살았던 사람들이 있었고, 1천여 년 전에 꿈속에서 만난 신선을 둥글 바위에 새겨놓고는 아랫마을은 무릉리, 윗마을은 도원리라 부르게 되었으며, 신선이 새겨진 둥글 바위를 신선을 맞이하는 바위 요선암으로 부르게 되었다.

그때부터 가난으로부터 벗어나게 되었고 모두가 풍요롭고 복된 삶이 이어지게 된 것은 신선이 도와준 덕분이기에 그 은혜를 절대로 잊지 않겠다는 뜻을 모아 요선계를 결성하여 오늘날까지 전례 전통이 이어지고 있다고 제시하는 것이다.

## 5. 맺음말

무릉리와 도원리라는 마을 이름의 근원은 요선암에 새겨진 신선(마애여래석불좌상)으로부터 시작 되었다고 새롭게 가설을 정립했다.

전국의 많은 무릉리와 도원리가 있지만 이들 마을이 한 곳에 위치한 곳은 충청북도 괴산군 청천면과 강원도 영월군 수주면 밖에 없다. 무릉리와 도원리가 두 곳 모두 원래부터 한 곳 이였고, 세월이 흐르면서 갈라졌을 뿐이다. 그렇기 때문에 그 연원에 대한 이해와 가설을 통해 무릉리와 도원리라는 지명의 근원은 이러했다고 제시하면서, 또 다른 생각을 고찰하고 연구한 결과를 풍설보다는 기록으로 발표하는 분이 많이 계셨으면 한다.

## 참고문헌


· 김홍식, 「마을 공간구성 방법에 대한 한국 전통 건축사상 연구-충북 괴산면, 청안면 운곡1리, 괴실마을을 중심으로」, 『대한건축학회지 제 19권 64호』, 1997.
· 이해준, 『조선시기 촌락사회사』, 민족문화사, 1996.
· 이상국, 「요선계(邀僊稧) 관련 자료의 유형 및 의의」, 영월문화원, 2005.
· 임보영, 「유토피아의 현대적 해석 및 표현 연구 : 나의 작품을 중심으로」, 동덕여자대학교 석사학위논문, 2014.
· 조성기, 『한국의민가』, 한울, 2006.
· 광물자원용어사전, 2010.12, 한국광물자원공사
· 자연지리학사전, 2006.5.25, 한울아카데미

# 김 순 진

1984년 시집 『광대이야기』로 작품활동 시작
고려대 평생교육원 교수
계간 스토리문학 발행인
도서출판 문학공원 대표
한국문인협회 이사
한국현대시인협회 감사
국제펜클럽 한국본부 회원
시 집 『광대이야기』, 『복어화석』
『박살이 나도 좋을 청춘이여』
장편소설 『너, 별똥별 먹어봤니』
단편소설집 『윌리엄 해밀턴 쇼』
장편동화 『태양을 삼킨 고래』
수필집 『리어카 한 대』
『껌을 나눠주던 여인』
평론집 『자아5, 희망5의 적절한 등식』
시창작이론서 『좋은 시를 쓰려면』
『효과적인 시창작법』 외
편저 『애인』 외 다수

<평론>

# 『문장』의 의의와 잡지사 발행인으로서의 다짐

김 순 진

## Ⅰ. 머리말

『문장』은 1939년 2월에 창간되어 고작 2년 남짓 발행되어 오다가 1941년 4월에 폐간된 문예지다. 그런데 왜 사람들은 자꾸만 그렇기 짧은 운명의 잡지에 대한 평가를 내놓고 있는 것일까? 이는 모든 것을 차치하고서라도 우선 우리말로 된 잡지였다는 것에 그 의의가 크다고 하겠다. 게다가 『문장』에서는 우리의 고전을 적극적으로 실어서 우리의 잊혀져가는 우리의 전통 소설을 발굴 계승하고 우리말을 잊지 않으려는 부단한 노력이 있었음을 우리는 간과할 수 없다. 1931년 일본의 만주 침략 이후 이듬해에 만주 본토를 점령한 일본은 한반도를 대륙 점령의 교두보로 삼고 있었다. 그리하여 수많은 군대가 한반도를 통해 중국과 러시아로 나가기 위해 드난하였으며 이들에게 먹이고 입힐 군수물자는 대부분 한국에서 조달하려고 하였다. 이에 일본은 점점 더 악랄해지고 포악해지며 창씨개명을 비롯하여 식량 및 지하자원, 어업자원, 산림자원은 물론 놋숟가락과 밥그릇까지 군수물자로 걷어가는 상황에서 일본은 제2차 세계대전을 일으킬 궁리에 혈안이 되어 있을 때였다. 그런 상황에서 『문장』이 창간되었던 것이다. 그러니 한글판의 잡지를 발간하는 것에 대하여 일본은 고까울리가 없었을 것이다. 마침내 문장지가 폐간하던 그해인 1941년 12월 7일 아침, 일본은 미국

하와이의 진주만을 습격하며 인류 역사상 가장 악랄하고 처절한 전쟁을 일으킨다. 그 크나큰 고통 속에서 『문장』이라는 우리말 잡지를 창간하고 우리의 고전을 대거 연재함으로써 우리의 얼을 지키려 했던 정지용을 비롯한 문장파들의 노력은 대대손손 길이 전할 것이다.

이에 나는 일제강점기 말에 우리의 대표문학잡지였던 『문장』을 통하여 '고전'의가치를 깊이 천작하던 작가들이 면면을 제고함으로써 상고주의와 전통적 민족주의가 어떻게 전개되는가? 그리고 『문장』이 가지는 역사적 의의는 무엇이며 당시 작가들의 작품세계는 어떠한가에 관하여 고찰하고자 한다.

## Ⅱ. 『문장』에 나타난 작품경향과 상고주의

논지가 본질을 벗어나 장황했음을 인정한다. 이는 내가 방송대에 편입하여 공부하려는 각오를 밝히고 스스로를 채찍질하기 위함임을 격려해주시기 바란다. 정지용 시인은 내게 많은 영향을 미쳤다. 한때 나는 맹목적으로 정지용을 추종했고 안도현이 백석을 베껴서 성공했다고 말하듯 나는 정지용을 만나면서 시의 눈을 떴다. 정지용은 나의 문학적 스승이라 해도 과언이 아니다. 그래서 나의 초기 시들은 정지용의 시를 닮아있다. 24살에 첫 시집을 발간하며 문단에 나온 나의 30대 시는 대부분 향토적 정서와 민족주의적인 정서를 담으려고 애썼다. 이는 정지용을 문학적 스승으로 여긴 결과였다. 내가 그렇게 좋아하는 정지용 시인이 일제강점기 말엽에 우리의 문화를 말살하려는 일제와 맞서서 『문장』을 발행하는데 주도적 역할을 했다는 것은 너무나 자랑스럽고 감사한 일이다. 그럼 정지용이 활동하던 『문장』을 통해 어떤 일들이 벌어지고 있으며, 어떤 점에 주목해야 하는지를 다섯 가지 방법으로 분석하려고 한다.

1. 『문장』의 제목과 장정이 주는 의미

『문장』이란 이름을 국어사전에서 찾아보면 "일반적으로 어(語), 구(句), 절(節)과 함께 문법을 나타내는 언어 단위의 하나. 사고나 감정을 말로 표현할 때 완결된 내용을 나타내는 최소의 단위이다. 하나 이상의 어절(語節)로 구성되며, 주부(主部)와 술부(述部)로 나뉜다."라고 되어 있다. 구체적으로 문장이란 무엇을 의미하는 것일까? 국어사전에서는 "일반적으로 어(語), 구(句), 절(節)과 함께 문법을 나타내는 언어 단위의 하나. 사고나 감정을 말로 표현할 때 완결된 내용을 나타내는 최소의 단위이다."라고 규정하고 있지만 이는 '언어 단위의 하나'이거나 '최소의 단위'라고 말하고 있을 뿐, 우리가 어떤 문학가를 일컬어 '뛰어난 문장가'라고 한다거나 그의 문장을 두고 '수려한 문장'이라고 말할 때, 이는 국어사전의 범주보다 훨씬 큰 범주로써의 문장을 말한다. 이를 테면 '이태백의 문장'이라 말할 때, 한 사람의 시가 아니라 그 시대를 아우르는 배경까지 포함된 중국의 문장으로까지 발전하는 것이 이러한 이치다. 황종연의 말에 따르면 "간단하게 말해서 『문장』총 26권의 장정은 두 가지의 돋보이는 특색을 갖추고 있다. 하나는 추사 김정희의 필적에서 골라낸 제자이고, 다른 하나는 당대 유수한 동양화가 김용준이 대부분 그린 표지화이다."[11]라고 말하고 있다.

그렇다면 왜 『문장』이 추사의 글씨 중에서 골라 제자를 하고

---

11) 황종연, 「문장파(文章派)」 문학(文學)의 정신사적(精神史的) 성격(性格), 동악어문학, 1986.

표지화를 김용준의 동양화로 채택하였을까? 이유는 간단하다. 이 논문에서 말하려는 것처럼 상고주의를 부각시키고 싶은 것이다. 우리나라는 유구한 문화와 전통을 가져온 나라였고, 이병기를 비롯하여 정지용, 이태준, 김용준은 우리의 전통과 문화를 싣고 알리자는 데 의기를 모았을 것이다. 이는 문장이 단순히 한 사람에 의해 발간되던 잡지가 아니라 집단지도체제 하에서 발간된 잡지이고 이들은 쉼 없이 머리를 맞대고 『문장』의 방향에 대하여 의논했을 것이다. 따라서 일본강점기 시대의 『문장』이 단순히 국어사전 적 개념이나 문자이 주는 협의의 개념이 아니라 우리 민족을 대표하는 훨씬 큰 개념의 『문장』으로 확대되어 풀이될 수 있음을 의미한다. 이에 나는 일본강점기 시대 당시에 우리 문학가들이 '국어'라든지 '조선어'라는 이름의 잡지를 내고 싶은 마음을 숨기고 『문장』이란 이름으로 대신했을 것이란 추측을 내놓는다.

## 2. 『문장』을 통해 발표하던 작가들의 면면

일제강점기 당시 우리나라에는 고작 몇 개의 문학지만 있을 뿐, 작가들이 발표할만한 매체가 부족한 시절이었다. 내가 이번에 읽은 박태상 교수의 저서『정지용의 삶의 문학』을 통해 본『문장』誌는 민족주의적 정서가 강했고, 민족주의적 정서는 우리의 고전을 재해석하려는 작가들의 시도로 이어졌음에 고무됐다. 왜냐하면 나는 지난 2013년 10월에 대학로 마로니에 공원에서 한국문화예술위원회의 지원으로 이틀에 걸쳐 독자들과 만나는 강의를 진행한 적이 있는데 지금 한국문화예술위원회에서 발행하고 있는 웹진의 이름이 '문장'이라는 것도 그런 맥락이라 보면 될 것 같다.

우선 『문장』을 생각하면 떠오르는 사람이 정지용 시인과 청록파 시인이다. 당시 문장지의 편집진은 소설의 이태준, 시조의 이병기, 장정, 미술평론의 김용준과 함께 정지용은 시부문을 맡아 박두진, 박목월, 조지훈 등의 추천심사위원으로 활동하였다. 『문장』의 3집(1939년 4월호)에서 정지용은 조지훈을 초회 추천하였으며 4집에서는 이한직, 조정순, 김수돈을 추천하였고, 5집에는 박두진, 김종한을 추천하였으며, 9집에서는 박목월을, 10집에서는 박남수(이상 초회추천자만 기술함)를 추천하였는데 이러한 시부문 추천은 폐간 직전인 1941년 3월의 26집까지 계속되었다고 한다. 말하자면 『문장』은 우리 문단사(文壇史)에 효시가 될 만한 시인들을 배출함으로써 핵심적 역할을 하였는데 그 중심에 정지용 시인이 있었다는 점은 간과해서는 안 될 일이다.

이에 조현일은 그의 논문에서 "이태준 · 정지용 · 이병기가 주도한 『문장』의 영향력은 이후 한국문학의 전개를 고려할 때 실로 결정적이었다. 소설가 최태응, 임옥인, 시인 조지훈, 박목월, 박두진, 박남수, 시조시인 이호우, 김상옥 등을 그들이 추천하였으며, 이들의 문학세계는 蘭과 상고의 미학으로 일컬어지는 『문장』파의 '정신적 체질'이나 『문장』을 통해 형성된 조선의 표상과 분리할 수 없기 때문이다. 박목월 · 박두진 · 조지훈의 시세계는 당대 비평가(김기림)에 의해 '지용의 에피고넨[12]'으로 평가될 정도로 유사한 점을 보이며, 비록 문장을 통해 등단하지 않았지만 이후 문협정통파를 이끌었던 김동리 역시 등단 초기 '이태준씨의 세계에서 뚜렷한 정신적 세계로써 자신을 구별할 수 없는 평가될 수 없'는 등 『문상』파의 결정적 영향 하에 있었다."[13]고 말한다. 이는 당시

12) 에피고넨 : 문학 · 예술 등에서 뛰어난 선구자의 모방을 일삼는 아류(亞流)작가를 가리킨다.

13) 조현일, 『문장』파 이후의 문학에 나타난 '조선적인 것' – 김동리의

『문장』의 영향력이 얼마나 컸으며, 일본강점기 하에서 조선문단을 이끌고 있는 실질적인 주체가 『문장』이었음을 뒷받침해주는 것이다.

### 3. 『문장』을 통해 발표된 작품의 특성과 청록파

『문장』을 통해 등단한 시인들은 많다. 그 중에 청록파 시인들은 대표적인 성격을 띤다. 그들이 처음부터 청록파라 불리었던 것은 아니다. 그들은 각기 시작법(詩作法)은 다르지만 자연을 바탕으로 인간의 염원과 가치를 성취하기 위한 공통된 주제로 시를 써왔다. 그러던 중 1946년 6월에 시집 『청록집(靑鹿集)』을 함께 펴내면서 청록파라는 이름을 갖게 되었다. 『청록집(靑鹿集)』이 나오기 전 세 시인은 주로 『문장』을 통하여 발표했는데 이들의 시풍을 살펴보면 박태상은 그의 저서『정지용의 삶과 문학』에서 "조지훈, 박두진, 박목월 세 시인들은 초기에는 스승 정지용의 시풍을 상당부분 공유했으나 해방 이후에는 스승 정지용이 결핍의 미학을 토대로 하여 슬픔의 정조를 표출하되 자기 절제를 통한 고결한 정신성을 모색하였는데 반하여, 청록파 시인들은 소멸과 생성의 원리를 통해 존재론적 생명이식을 추구하는 변별성을 보여주었다. 그러나 세 시인들에게도 개성은 분명하게 드러난다. 지용은 현대적 감성과 이국적인 정조를 출발선으로 해서 점차 청정미를 바탕으로 한 '정신적 고결성'을 지향했다면, 박목월은 '향토적 서정성'을, 조지훈은 '고전적 전통성'을, 박두진은 신앙을 토대로 한 생명의 원천성에 무게를 두었다."[14]고 밝히고 있다. 이는 박목월과

---

'비극적인 것'을 중심으로, 학술진흥재단 지원, 2004.

14) 박태상, 『정지용의 삶과 문학』, 깊은샘, 2010

조지훈이 상고주의적 관점에서의 문학을 지향했던데 반하여, 박두진은 기독교 신자였던 만큼 외국문물을 받아들이고 기존에 시조나 한시, 가사문학에 영향을 받았던 시인들과 달리 이를 파격하여 자유로운 행과 연의 가름, 산문시 등을 도입함으로써 현대시의 기틀을 마련하고 있다.

한편 김슬기는 그의 논문에서 "청록파는 시문학파의 청신한 언어와 인생파의 정신적 깊이를 물려받으면서, 또한 이들의 한계를 넘어서는 탁월한 시적 성과를 보여준 것으로 평가되었다. 또한 해방 직후 출판과 언론매체를 조선문학가동맹이 장악하고 있었던 상황에서 일정한 수준의 시적 성취를 보여주었던 청록파의 등장과 『청록집』의 발간은, 민족문학의 열세를 돌파하고, 순수서정시의 명맥을 잇는 계기가 되었다."[15]고 평가하고 있는데 이는 청록파가 민족문학의 열세를 돌파한 계기가 되었다는 점에서 주목할 수 있겠다. 그러면서 김슬기는 청록파에 대하여 "그들이 민족적 현실의 초극을 위한 저항을 적극적으로 노래하진 못했지만, 친일로 빠지지 않고 계속해서 창작했으며, 퇴폐에 몸을 맞기지 않고 밝고 이상적인 자연을 소재로 삼아 시를 씀으로써 우리 시단에 건강성을 부여했다는 점에서 가치를 찾을 수 있을 것이다."[16]라고 청록파 탄생의 의미를 부여한다. 이르자면 청록파는 민족문학의 열세에도 굴하지 않고 순수서정시를 쓰면서 당시 많은 문인들이 친일에 휩쓸리거나 퇴폐주의적인 시를 구가할 때 자신을 지켜낸 것은 문학사적으로 볼 때 그 의가 큼을 강조하고 있는 것이다.

---

15) 김슬기, 청록파 시의 특성과 서사적 의미 – 『청록집』을 중심으로, 『문예시학』 25집, 2011.
16) 김슬기, 청록파 시의 특성과 서사적 의미 – 『청록집』을 중심으로, 『문예시학』 25집, 2011.

이상호는 그의 논문에서 "시의 행과 연 구성형식을 보면 박목월과 조지훈은 전통적 율격에 관심을 가진 반면에 박두진은 서양 기독교 정신에 관심을 가진 만큼 그에 대해 현저히 무관심했던 것으로 보인다. 또한 전통적 율격을 수용한 박목월과 조지훈을 대비할 때 고전 취향이 강했던 조지훈 시에서 훨씬 경직된 수용양상이 드러난다는 점에서 다시 변별성을 보인다."[17]고 말하고 있다. 말하자면 기존에 조선문단을 시조나 가사, 잡가들이 이끌어오던 터에 박두진은 「해」나 「묘지송」과 같은 파격적이고 연과 행이 무시된 산문시를 내놓음으로써 현대시의 기틀을 마련한다. 이에 반하여 박목월과 조지훈은 상고주의에 입각한 시, 즉 자연관조적이고 성찰적이며, 전통적인 시각에서의 시를 계승 발전시키게 된 것이다.

또 정주아는 그의 논문에서 "장덕조(張德祚)의 「黃昏」(문장7 임시증간호, 1939. 7)은 고전작품이 직접 소설 속에 도입된 희귀한 사례라고 할 수 있다. 액자소설의 구성을 취한 이 단편은 어려서 계단에서 떨어지는 사고를 당해 몸의 성장이 아동기에 멈추어버린 18세 처녀 진순의 공상 내용을 액자내부의 이야기로 다룬다. (중략) 이 소설은 진순의 공상이 시작되는 부분에 삼국유사의 원문을 인용하고, 이후 내용에 적합한 장면을 서술해나가는 방식으로 진행된다. 내부이야기는 온전히 삼국시대를 배경으로 김춘추, 김유신, 아지와 보배자매를 중심인물로 하는 설화 내용을 소개하고 있다" 고 말하면서 "문장에 수록된 작품들을 통해 보았을 때, 당대 '고전'에 부여된 의미는 현실도피적 성향, 현대사회를 재해석할 재료를 찾으려는 운동성, 신구의 갈등이 벌어지는 현장 등으로 해석될 수

---

17) 이상호, 청록파 연구 - 『청록집』을 중심으로, 『한국언어문화』 28집, 2013.

있을 것이다."[18]라고 말함으로써 문장에 발표된 고전들이 애국적이거나 고전을 보전하려는 의지보다는 점점 포악해져 서민들의 고름이 되고 있는 일본인들에 대한 '현실도피적인 성향이 짙다'면서 신구의 갈등으로 벌어지고 있는 현장을 어떻게 하면 슬기롭게 헤쳐 나갈 수 있을 것인가에 대한 해석으로 보고 있다.

## 4. 문장파들에 의한 상고주의의 확대

문장파 출신 예술가들은 왜 조선시대 문화를 고전으로 인식하였을까? 김용준은 『문장』 창간호에 발표한 「이조시대의 인물화 - 주로 신윤복, 김홍도를 논함」에서 "응물상형, 즉 사물에 따라서 형상을 그려내는 일은 화가가 반드시 객관적인 모습에 근거하여 대상을 표현해야 한다."고 말했는데 이는 "상을 넓히고 진에 핍하여 개성의 힘으로 뚫어나가 참된 기운이 생동하는 혜원과 단원의 풍속화를 발견하고는 그 시대의 가장 향토적인 문화적 공기를 만나게 되었다."고 예찬하였다. 그가 고전 속에 전통이 위치하고 있으며 전통에서 새로운 창작의 방법론을 찾으려고 하는 전통주의 미학관의 토대에 민족의식이 내재되어 있다는 것이 조선시대의 문화를 고전으로 인식한 이유로 즉, 김용준은 신윤복과 김홍도의 풍속화에서 참된 향토미의 전형을 찾았는데 문장의 토대는 상고주의로서 전통성의 본질이 자리하고 있었다고 보인다.

박태상은 "잡지 『문장』은 편집상의 특성과 미학적 취향, 그리고 정신적인 지향성을 드러내고 있었는데 김윤식 평론가는 그것을 상고주의로 파악하고 그 문학사적 위치를 고전부흥운동의 맥락 속에 두었다."[19]고 말하면서" 『문장』의 전통주의적 입장을 잘 보여

---

18) 정주아, 『文章』誌에 나타난 '古典'의 의미 고찰, 규장각, 2007.

주는 것이 고전의 발굴과 복원작업이었다. 특히 정지용은 '경서와 성전류를 심독하여 시의 원천에 침윤[20]해야 한다'고 역설하면서 자신의 시관으로 '성정의 시학'을 주장하게 된다. 성정의 시각은 조선조에 들어와서 이율곡 등에 의해 유교의 성리학적 세계관이 되었지만, 이미 중국의 육조시대에 『문심조룡』을 지은 유협[21]의 이론에서 차용해온 것으로 보인다."[22]고 역설한다.

순수문예지였음에도 불구하고 『문장』은 고전과 학술분야에 상당한 지면을 배정하였는데 우선 이병기의 주해로 「한중록」을 연재한다. 이러한 「한중록」의 연재는 이병기, 양주동에 의해 「도강록」, 「호질」, 「인현왕후전」, 이병기 편의 「고지조선」, 「서대주전」, 「토벌가」, 「고가사 2편」, 「요로원야화기」, 「춘향전이본집」 등으로 이어지는데, 순수문예지에서 이렇게 많은 양의 고전문학작품을 게재하는 것은 매우 파격적인 일이었다.

박태상은 "또 잡지 『문장』은 국학이라 할 수 있는 고전문학(민속학 포함)과 국어학, 그리고 고미술분야의 논문과 평론을 대대적으로 싣고 있다. 창간호부터 이희승의 「조선문학연구초」와 양주동의 「근고동서기문선(사뇌가 역주 사설)」, 김용준의 「이조시대의 인물화, 신윤복과 김홍도」, 「최북과 임희지」, 「회화적 고민과 예술적 양심」, 「한묵여담」, 「오원일사」, 조선어학회의 「외래어표기법」, 「봉산가면극 각본(송석하 편)」, 손진태의 「무격의 신화」, 조윤제의 「조선소설사 개요」, 「설화문학고」, 이병기의

---

19) 박태상, 『정지용의 삶과 문학』, 깊은샘, 2010, 90쪽.
20) 사상이나 분위기 따위가 사람들에게 번져 나감.
21) 유협의 성정론은 '시란 바로 자기의 표현'이라는 문학관으로, 정지용의 '성정의 시학'도 여기에서 크게 벗어나지 않는다.
22) 박태상, 『정지용의 삶과 문학』, 깊은샘, 2010, 95쪽.

「조선문학 명저 해제」, 정인승의 「고본 훈민정음 연구」, 최현배의 「한글의 비교연구」, 고유섭의 「완월당잡식」, 신제림의 「묘지명」, 「거조암불정」, 「인재 강희안 소고」 등을 게재하였다. 그것은 편집진들이 얼마나 고전문화 유산발굴과 민적적인 특성 부각에 심혈을 기울였는가를 단적으로 보여주는 예라 할 수 있다. 당시 『인물평론』이 서구 문예이론을 도입하는데 주력했던 것에 비해, 우리의 국학을 수용하고 고전적이고 전통지향의 편집태도를 보였던 것이다."[23]라고 말하고 있는데 이는 매우 주목할 일이다.

한편 허윤회는 "그렇다면 이태준의 상고주의가 갖는 배경은 무엇인가에 대한 고찰이 따르지 않을 수 없다. 이 접근은 30년대 후반기의 대표 문예지인 『문장』을 통해 이루어진다. 주지하는 바와 같이 이태준은 『문장』 지의 편집인이었으며 정지용, 이병기 등과 같이 문학의식을 공유하고 있었다. 흔히 최재서를 중심으로 한 『인물평론』과의 차이를 논하는 일은 30년대 후반기의 문학적 경향에서 빼놓을 수 없는 사항이기도 하다. 이 점에 있어 김윤식은 이태준의 고전에 대한 인식을 '방법적 폐쇄'라고 命名하였다.(중략) 즉 폐쇄사회 속의 작가가 갖게 되는 의식의 내면을 살피고 있다는 점은 주목할 만한 글이다. 단적으로 말해 김윤식은 이태준의 고전에 대한 관심은 '고전이라는 완결된(폐쇄된) 세계를 의미한다. 그리고 이러한 고전에 대한 경사는 일상(현실)세계와는 반대되는 측면에서 산문성에 대비되는 시적인 세계이며, 논리적인 세계에 대비되는 심정적인 세계를 기반으로 하고 있다. 그리고 논리적으로 접근하였을 때, 그것의 현실적인 의미는 반근대주의 혹은 반역사주의에 수렴된다. 사회와 역사적 관점에서 이태준의 고전에 대한 경사 혹

23) 박태상, 『정지용의 삶과 문학』, 깊은샘, 2010, 91-92쪽.

은 상고주의는 시대와의 거리로 인하여 자족적이고 미완(未完)한 세계로 머물 수밖에 없었다. 식민지 시대 현실과의 대결이 우선시되는 사회에서 시적이고 자율성을 강조하는 문학의 세계는 당연히 부차화될 수밖에 없다."[24]고 적고 있다. 따라서 이태준을 비롯한 문장파들은 자기 나라의 언어를 쓰지 못하면서 역사의식을 재고해 나가며 상고주의에 대한 문학적 알리기까지 힘써야 했으므로 이중 삼중의 고민이 있었을 것으로 사료된다.

그리고 권성우는 "이태준은 단순한 형식주의자도 아니고, 예술지상주의자도 아니었다. 이태준의 글쓰기는 경험주의, 모더니즘, 상고주의, 스타일리스트, 예술지상주의, 문학적 장인성 등이 서로 복잡하게 융합된 상호 모순적인 형태라고 할 수 있다."고 말하면서 "이태준은 여러 가지 면에서 양가적이며 복합적인 문학관과 현실 인식을 보여준 존재였다. 그렇기에 이태준을 단순한 복고주의자, 상고주의, 전통, 귀족취미, 문학적 장인정신 등의 기호로 해석하는 것도 일면적이지만 동시에 이태준을 현대, 진보, 민중, 감각, 스타일 등의 지평으로 해석하는 것도 역시 일면적이라 할 수 있다."[25]고 말하고 있다. 이는 정지용을 비롯한 이태준 등 당시 문장파들이 상고주의에 얼마나 큰 관심을 가지고 임하였는가에 대해 알 수 있는 단적인 예라 할 수 있다. 일제강점기가 더욱 깊어지고 해방이라든지 독립을 생각조차 할 수 없었던 상황에서 당시 지식인들이 어떻게 우리의 전통을 살려 우리의 얼과 기백을 문장 속에 집어넣고 민족을 서서히 일깨우느냐는 매우 중요하고도 조심스러운 일이었

24) 허윤회, 시대의 인식과 그 불협화 - 이태준의 문학에 나타난 모더니즘과 상고주의 논의에 대하여, 상허학보, 2000

25) 권성우, 이태준의 수필 연구-문학론과 상고주의(尙古主義)에 대한 해석을 중심으로, 한국문학이론과 비평학회, 2004.

을 것이다.

정은경은 "이태준의 상고주의는 민족주의라는 협의의 범주보다 '반근대'라는 폭 넓은 지형 안에 놓여있다. 물론 이태준은 한국 문학사에 있어서 문학을 예술의 차원에서 놓고 본 근대 작가이다. 그렇다는 점에서 이태준 문학의 반근대성은 미적 근대성이 아니라, 사회적 근대성이라 할 수 있다. 그가 작품을 통해 가장 힘주어 비판하고 있는 것은 '속물성'과 비인간적 제도·장치들과 같은 서구 물질문명으로, 그가 '옛 것'에 집착하는 것은 반속적 지향과 더 밀접하게 관련이 있다. 이태준의 상고주의를 반근대로 보았을 때, 동양정신과 서구 문명이 대립되면서 그것은 앞서 논의와 달리 식민지체제를 은폐하는 장치가 될 수 있다."[26]고 지적하고 있는데, 이는 이태준의 상고주의를 작품에서의 찾을 수 있는 미적근대성이라기보다는 일본의 문물이 쏟아져 들어오면서 어쩔 수 없이 변하고 있는 사회적 근대성이라는 주장으로 보인다. 따라서 나는 이태준의 상고주의를 반근대에 대하여 튕겨져 나온 상고주의라 보았을 때, 알아채지 못하게 식민지체제에 대한 반항된 감정을 감추고 은밀히 상고주의로 치환하여 나타내고 있는 것이라 본다.

김용직은 그의 논문에서 "처음부터 순수문학의 길을 택한 것이 李泰俊이었다. 그런 그가 인간과 사회를 직접적으로 다루는 경우 그것은 곧 비판적 사실주의 또는 프로문학의 길을 뒤쫓는 격이 될 수 있었기 때문이다. 간접적으로 인간과 사회에 접근할 수 있는 전략이 필요했다. 그럴 때 생각할 수 있었던 것이 문화전통 계승이라든가 고전적 세계에 의거하는 길이었다. 문화전통의 계승과 고전적

---

26) 정은경, 이태준의 상고주의와 현실인식, 한국어문학국제학술포럼, 2007.

세계에의 의거는 적어도 역사의 한 가닥에 그 자신의 닻을 내리는 것을 뜻했다. 그것은 유물변증법적 역사철학이라는 정치지상주의에 맞설 수 있는 길이었으며, 적어도 한 작가에게 정신의 기둥이 될 수 있는 이념이었던 것이다. 말하자면 李泰俊은 그의 창작활동을 위해 이데올로기가 아닌 이데올로기가 필요했다. 그 결과 문화전통과 고전의 세계를 지향하는 길을 택한 것이다." [27]라며 이태준이 고전문학을 할 수밖에 없었던 이유를 밝히고 있다. 이태준은 내 고향 포천과 이웃한 철원에서 태어났다. 나는 경기 북부 강원지방에 걸출한 문인이 몇 보이지 않음에 슬퍼했는데 포천의 이해조를 비롯하여 철원의 이태준이 우리 문단사의 한 축을 담당했음에도 불구하고 그 업적에 비해 평가 절하되어 있음과 숭모사업이 부진함을 지적한다. 해당 시군인 포천시와 철원군은 보다 적극적으로 이해조와 이태준의 조명으로 관광과 문화창달의 방편으로 삼기를 바란다.

또 김용직은 "文章派 가운데서 전통지향성을 주도해간 것은 李秉岐였다. 그는 문장의 제자와 표지화부터를 조선 말기의 대표적 서예가인 추사의 것으로 택했다. 뿐만 아니라 『文章』의 편집방향 역시 전통적인 것의 계승 쪽으로 택한 것이다. 이런 그도 1930년대 초까지는 반듯한 전통주의자는 아니었다. 이런 경우 좋은 보기가 되는 것이 어떤 좌담회 자리에서 한 그의 발언이다. '時調는 敬而遠之[28]할 것으로 안다. 시조 때문에 젊은 시인이 얼마나 옹졸해

---

27) 김용직, 『文章』과 文章派의 의식성향 고찰, 先淸語文 題23輯, 1995.

28) 논어의 옹야 편에 나오는 말로 공자(孔子)의 제자 번지(樊遲)가 지(知)에 대하여 묻자, 공자(孔子)는 「자기 자신이 해야 할 일에 힘쓰고, 귀(鬼)나 신(神)은 공경(恭敬)하되 멀리하는 것이 지(知)라 할 수 있다.」고 말했다 함.

지는가?' 이와 같은 李秉岐의 생각이 꼴을 바꾸고 고전 지향 쪽으로 기울어진 것은 1930년대 후반부터로 추정된다."29)라고 밝히고 있는데, 이는 시조와 시를 형식에서만 구분 지을 수 있을 뿐, 시조가 전통지향이 아니라 현대시처럼 삶을 지향하여 서구의 문학이론을 접목하여 발전을 거듭해왔다면 결과적으로 시조는 중장이 길어진 사설시조의 폭주나 아예 파격을 일삼음으로써 자연적으로 도태를 가져왔을 것이라는 것이 나의 주장이다. 따라서 '時調는 敬而遠之할 것으로 안다'고 말한 이병기의 생각은 시조가 협의의 생각, 즉 음풍농월이나 자연 관조를 벗어나 시조의 발전방향에 기틀을 놓은 것으로 평가한다.

## 5. 문장파 미술계에 나타난 상고주의의 의미

문장파의 상고주의는 단순히 문학만으로 국한되지 않는다. 화가 김환기가 이태준으로부터 영향을 받았다는 점이 그 이유를 뒷받침하고 있다.

박영택은 그의 논문에서 "김환기의 작품세계와 미의식에 결정적인 영향을 끼친 것은 다름 아닌 조선의 전통미술이었고 그중에서도 조선백자가 으뜸이었다. 그의 대표작 역시 백자 그림을 손꼽을 수 있다. 김환기의 조선적인, 동양적인 작품 형성에 큰 영향을 끼친 이는 앞서 언급했듯이 김용준과 이태준인데 특히 문장지의 이태준과의 교우관계는 결정적이었다. 김환기는 이태준으로부터 조선 전통미술에 대한 깊은 이해를 제공받았으며 당시 조선의 그림이 무엇이어야 하는가를 제시받았던 것으로 여겨진다. 이태준과 『문장』이 내건 상고주의를 통해 김환기는 특히 조선시대 사대부

29) 김용직, 『文章』과 文章派의 의식성향 고찰, 先淸語文 題23輯, 1995.

문인들이 미적 세계에 관심을 기울였고 '조선적인 것'을 찾기 위해 노력했던 것으로 보인다."[30]고 서술하고 있는데, 이는 문장지의 편집위원 중 하나가 미술평론을 했던 김용준이었고, 또한 김환기가 이태준의 영향을 받아 고전적인 이미지의 독창적 그림세계를 지향할 수 있었던 것은 우리 한국미술사적 관점에서 볼 때도 매우 바람직한 일이었다.

김진희는 그의 평론에서 "『문장』 동인들의 교류는 30년대 초반으로 거슬러 올라가는데 30년대 초 미술인 김용준, 길진섭, 구본웅 등이 조직한 목일회와 문인 이태준, 이상, 김기림, 정지용, 박태원 등이 속해 있던 구인회가 지속적으로 교류해오고 있었다. 『문장』의 미술인 동인들의 특성은 1930년대 중반을 넘기면서 동양화로 전필하거나 서양화와 동양화를 결합시키고 있다는 사실이다. 당대 미술계의 흐름은 당대 조선문화 담론과 관련된 동양주의였는데 이는 동양적, 향토적 소재와 동양화의 전통화법을 추종하는 복고적 흐름과 현대적 신양식과 소재를 취하되 정신적 측면에서 동양주의를 추구하는 부류로 나누어져 있었다. 『문장』에 속한 김용준과 길진섭 등은 후자에 속하는 그룹으로 소재나 감상성의 수준에서 전통을 복고하는 것에 비판적인 입장을 취했다."[31]고 말하고 있는데, 이는 당대 조선문화 담론이 미술계의 흐름이었다면, 기존의 수묵화에서 벗어나 담채를 하며 서양의 화풍을 받아들이되 동양의 정신을 고수하는 새로운 한국화의 기틀을 마련했다고 볼 수 있다.

---

30) 박영택, 『문장』지의 상고주의 - 야나기 무네요시와 이태준의 영향을 중심으로, 우리文學연구 30집,

31) 김진희, 정지용과 『文章』 그리고 화가 吉鎭燮, 서정시학, 2009. 4.

## Ⅲ. 맺음말

이상에서처럼 『문장』에 나타난 상고주의에 대하여 면밀히 살펴보았다. 이에 나는 아래와 같이 몇 가지 주목할 만한 요소들을 발견했음에 고무된다.

그 첫 번째로 당시 『문장』이란 이름은 나라를 대표하는 이름이었을 것이다. 『문장』이 단순히 '문법을 나타내는 언어 단위'나 '완결된 내용을 나타내는 최소 단위'로서의 문장이 아니라, 조국이나 조선어, 국어 같은 뜻으로 쓰였을 것이다. 문장파들은 우리 민족을 대표하는 이름에 고민했을 것이고, 자기 나라의 언어를 쓰지 못하면서도 역사의식을 재고해나가며 상고주의에 대한 문학적 알리기까지 힘써야 했으므로 이중 삼중의 고민이 있었을 것으로 사료된다. 일제강점기는 점점 더 깊어지고 악랄해져 갈 때, 해방이라든지 독립을 생각조차 할 수 없었던 상황에서 당시 지식인들이 어떻게 우리의 얼과 기백을 문장 속에 집어넣고 민족을 일깨우느냐 하는 문제는 매우 중요하고도 조심스러운 일이었을 것이다.

두 번째로는 우리 시는 청록파 시인들에 의해 조선으로부터 대한민국으로 운반되었다고 본다. 박목월과 조지훈이 상고주의적 관점에서의 문학을 지향했던데 반하여, 박두진은 기독교 신자였던 만큼 외국문물을 받아들이고 기존에 시조나 한시, 가사문학에 영향을 받았던 시인들과 달리 이를 파격하여 자유로운 행과 연의 가름, 산문시 등을 도입했다. 이는 청록파가 민족문학의 열세를 돌파한 계기가 되었다고 할 수 있겠다. 말하자면 당시 많은 문인들이 친일에 휩쓸리거나 퇴폐주의적인 시를 구가할 때 청록파 시인들이 순수서정시를 쓰면서 우리 시를 조선으로부터 대한민국으로 연결시키고 지켜낸 것은 문학사적으로 볼 때 그 의가 매우 크다.

세 번째로는 저평가된 이태준을 새롭게 재조명해야 한다는 것이다. 우리의 인근 동네인 철원에서 태어난 이태준은 소설가였지만 소설뿐만 아니라 미술 및 철학에 이르기까지 불확실한 일본강점기 중반 이후의 예술세계에 대하여 매우 큰 영행을 미쳤다. 그런데 이태준은 지금까지 그 문학사적인 역할과 의의에 비해 상대적으로 과소평가되거나 묻혀있었다고 해도 과언이 아니다. 이태준문학상이나 이태준문학제 같은 것도 없고 이태준박물관이나 이태준공원 같은 곳도 없다. 생가 터 역시 민통선 안에 있는데, 1995년 철원문학회 회원들이 세운 이정표가 빨갛게 녹이 난 채 잡초 속에 방치되고 있을 뿐이다. 다만 철원의 작은 흉상 하나와 문학비만 하나 덩그러니 서 있을 뿐이니 마음이 아프다. 이는 우리의 역사를 스스로를 부정하는 일이며 철원군에서 특별히 나서야만 한다. 한국문화예술위원회에서도 이를 간과하지 말고 적극적으로 고증을 받고 자료를 수집하여 이태준문학관을 개관하는 것이 옳다.

네 번째로 『문장』은 우리나라 미술발전에 크게 기여하였다는 평가를 내린다. 문장지의 편집위원 중 하나가 미술평론을 했던 김용준이었고, 또한 김환기가 이태준의 영향을 받아 고전적인 이미지의 독창적 그림세계를 지향할 수 있었던 것은 우리 한국미술사적 관점에서 볼 때도 매우 바람직한 일이었다. 이는 당시 미술이 기존의 수묵화에서 벗어나 담채를 지향하며 새로운 한국화의 기틀을 마련했다고 볼 수 있는데, 이에 나는 『문장』이 당시에 활동하던 화가 박수근(1914)의 여인상, 이중섭(1916)의 소, 이인성(1912)의 풍경화, 김환기(1913)의 추상화, 허건(1907)의 남종화, 박래현(1920)의 동양화, 오지호(1905)의 한국적 아름다움, 장욱진(1917)의 동양적 철학의 화풍의 계승 등에 영향을 주었다고 평가한다.

위에서 밝혔듯이 나는 계간 <스토리문학>이라는 잡지를 발행하고 있는 발행인이다. 내가 처음 문학지를 발행하려 할 때 나를 아끼는 주변사람들은 만류했다. 그 이유는 첫 번째가 경제적 어려움에 처할 수 있다는 우려였고, 두 번째는 저질의 문학지를 만들 우려가 있다는 것이다. 역시 나는 두 가지 우려를 불식시키기 어려웠다. 그러나 나는 아무 글이나 마구 실어주는 쓰레기 같은 문학지를 만들지는 않겠다고 다짐하며 최선을 다했다. 이를테면 '메인스토리'라 하여 매호마다 현대문학의 최고라 할 수 있는 작가들을 취재하여 그들이 어떤 정신을 가지고 어떤 어려움을 견디며 성장하였는지를 독자들에게 알렸고, 노벨상을 수상한 작가들의 심층 취재, 시조의 중점 게재, '중국의 동북공정'이나 '일본의 독도 영유권 주장'에 맞서는 글을 싣는 등 여러 가지 역할을 하려고 나름대로 노력하여 문학지를 특성화하는데 심혈을 기울였으며 좋은 책 만들기에 출판사의 사활을 걸어 결국 살아남았다.

그런데 『문장』의 역할을 살펴보니 새삼 부끄러운 생각이 든다. 우리 민족의 독창성과 우수성을 널리 장려하고 한글편집만을 고집하다가 결국 폐간에 이른 『문장』의 정신은 내가 왜 문학을 하고 있으며 앞으로 어떤 생각을 가지고 잡지를 운영해야 하는지를 잘 말해준다. 그간은 잡지 발행 방향을 작품의 우수성에 목표를 두고 있었으나, 이젠 민족을 위한 문학이 무엇인지 진심으로 고민할 때가 온 것 같다. 지난 10여 년 간 『동방문학』, 『동서문학』, 『문학수첩』 『라뿔륨』이 폐간되고 최근에는 『유심』이란 잡지가 폐간됐나. 폐산의 원인이야 당사자들의 몫이니 이유를 알 필요까지는 없겠지만 불교문학 전파와 시조문학의 부흥을 위해 주도적 역할을 해왔던 잡지 『유심』이 폐간됐다는 소식에 가슴에 바윗돌을 올려

놓은 듯 답답한 심정이다. 한 잡지가 그 민족에게 어떠한 영향을 줄 수 있는가를 『문장』을 통해 크게 배운다. 신인을 발굴하여 우리 민족의 거목인 청록파로 성장시키고 고전부흥운동을 전개하며 상고주의 확산을 꾀한 정지용을 비롯한 문장파 문인들의 거룩한 역할에 감사와 박수를 보내는 바이다.

# 참고문헌


· 박태상, 『정지용의 삶과 문학』, 깊은샘, 2010.

· 황종연, 「문장파(文章派)」 문학(文學)의 정신사적(精神史的) 성격(性格), 동악어문학, 1986.

· 조현일, 『문장』 파 이후의 문학에 나타난 '조선적인 것' - 김동리의 '비극적인 것'을 중심으로, 학술진흥재단 지원, 2004.

· 김슬기, 청록파 시의 특성과 서사적 의미 - 『청록집』 을 중심으로, 『문예시학』 25집, 2011.

· 이상호, 청록파 연구 - 『청록집』 을 중심으로, 『한국언어문화』 28집, 2013.

· 정주아, 『文章』誌에 나타난 '古典'의 의미 고찰, 규장각, 2007.

· 허윤회, 시대의 인식과 그 불협화 - 이태준의 문학에 나타난 모더니즘과 상고주의 논의에 대하여. 상허학보, 2000.

· 권성우, 이태준의 수필 연구-문학론과 상고주의(尙古主義)에 대한 해석을 중심으로, 한국문학이론과 비평학회, 2004.

· 정은경, 이태준의 상고주의와 현실인식, 한국어문학국제학술포럼, 2007.

· 김용직, 『文章』과 文章派의 의식성향 고찰, 先淸語文 題23輯, 1995.

· 박영택, 『문장』 지의 상고주의 - 야나기 무네요시와 이태준의 영향을 중심으로, 우리文學연구 30집,

· 김진희, 정지용과 『文章』 그리고 화가 吉鎭燮, 서정시학, 2009. 4.

글벗문학회

# 결빙

홍 지 수

햇빛이 투명을 집어 삼켰다
쨍그랑
한입
차가운 빛이여

막간을 비우니
손아귀가 단단해졌다

한동안 살아 갈 힘이
오슬오슬
돋았다

# 이순만 돼봐라

피 미 경

오후 햇살이
컴퓨터를 향해 들이 닥쳤다
젠장 커튼을 쳐야한다
네모반듯한 창에 가끔 바람이 지나고
환영 같은 소리가 귓속을 들락날락한다

이순만 돼봐라

미련 없이 떠나
시계 없이 잠을 자고
계획 없이 여행을 가고
시골에 집을 짓고
봄 여름 가을 겨울 살아봐야지

# 뉘 오시는가

강 순 구

하루 내내 기다리며
해를 밀고 다닌
노을

발아래 붉은 치마 흘러내린다

사립문 밖
바람신고 오시는
긴 그림자

뉘 오시는가

# 꽃잠

송 춘 미

보이나요?

들리나요?

천둥번개 지나간

그대의 가장 평온한 이 밤

# 마구령

홍 정 임

마구령 넘다가
베틀재에서 똥 한 틀 누고

간다
마구간다

햇살도 마구 들어와 자리를 잡고
길도 마구 널브러져 있다
생을 부리던 사람의 무른 날들
숱하게 목베였던 초목들
영을 넘는 이 쪽 저 쪽 흐른
우툴 두툴

아파서
한스러워서
차마 사라지지 못하다가 새로 시달린다
아아 아아 아아
길
앓는 옆
나뭇잎들이

삭히지 못한 속을 드러내고 붉다
견디기 싫은
자꾸 돌아 보이는 무엇

마구렁 베틀재 구름 높은 마루에서
몸 한 틀 쉬어간다

# 오월

엄 정 미

배추벌레 똥이

퍼렇다

내 똥도

퍼렇다

# 넘쳐난다

신 현 주

가지에서 과일이 말랐다
감자에선 싹이 나고
빵 위엔 꽃이 피었다

돌 같은 동전들과
쓰레기가 된 빈병들

남자 여자 사랑엔
껍데기만 있고
이별엔
아픔이 없다

먹을 거
잔돈푼
사랑

부모가 되지 못하는 자식
조수석 우아한 뽀삐와 나비
노란 조끼 환경지킴이

# 우아한 식민지

김 명 숙

청량리역 버스환승센터에서 우이동 방향 120번 버스에 올랐다. 한산한 버스 뒤쪽 좌석에 앉아 비끼는 햇살을 받으며 책을 펼쳤다. 얼마 뒤 텁텁한 중년 사내의 음성이 책에 빠진 의식을 비집고 귀에 꽂혔다. 돌아보니 남루하달 것도 아니랄 것도없는 검정 누빔 점퍼 차림의 사내, 일행 인 듯 보이는 비슷한 행색의 뒷자리 남자에게 또 무슨 말인가를 건네고는 입을 닫았다. 혼잣말이라도 했다는 듯.

망연한 눈길을 거두고 고개를 되돌리니
이른 봄날 오후 햇살이 차창에 은은히 부신다.

빛이 산란하듯 파르르 공명하는
평범한
중년
사내의

"저 스타박스는 우리나라를 점령했어."

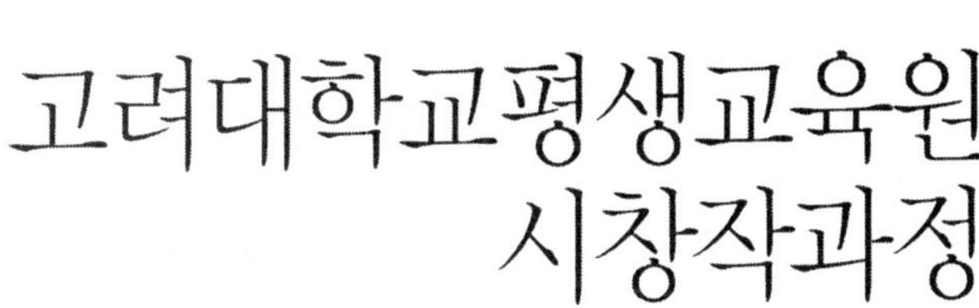

# 고려대학교평생교육원
# 시창작과정

# 술

곽 구 비

너는
소설 같은 주절거림을 들어주고 자신을
함부로 해도 된다고 은근슬쩍 정의를 내리지
밤이면 더욱 존재의 타당함을 인정받아 마음껏
활개를 치며 맘껏 누리더라

그리곤
부드러운 듯 때론 거칠게 불안한 시간들을 마음껏 농락하며 언제 그랬느냐 시침까지 뚝 떼더라
세상을 거꾸로 가려하든 추락을 말하든
조금 덜 고통스럽도록 잘 부추기는 일 잘한 거야

심지어
어느 도시마다 구부러진 한 모퉁이에 잘려나간
기억을 붙잡고 호소하는 이들을 본다
다신 너와 만나지 말기를 맹세라고 해대지만
마약이든 구원이 되든 아주 사라지진 말아줘
가끔은 너무 정신 똑바로 차리는 세상은
심심해서 싫다잖아

# 불타는 강

김 태 호

해는 진종일 한 자락 저녁놀 풀어놓고
붉은 잎 불태우며 강물 속에 빠지겠지

해 걸음 산등성이 그루터기 걸터앉아
갈길 먼 등짐엔 노을빛이 스미겠지

임진강 타는 불은 백운대나 만장봉에서
못 보고는 말 하지 말라 하겠지

너는 숨 고르며 기둥바위 꼭대기 서서
땅거미 바쁜 걸음 뒤쫓지 않겠지

가랑잎 갈피 속에 푸른 꿈 묻혀
노을을 따라가 별빛 쫓아 하늘까지 타겠지

# 낙엽페스티벌

김 근 숙

예쁜 낙엽 줍기 선발대회가 남산 어귀에서 시작된다
뽐냄을 자랑하는 낙엽들이 수북하다
고백하고 싶은 마음이 넘치는 몸집이 큰 플라타너스
늘씬한 몸매를 자랑하는 아담한 졸참나무
신발 깔창으로 선심 쓰는 신갈나뭇잎
앵두 같은 입술 빛으로 요염 떠는 단풍잎
변하지 않는 일편단심 보여주는 솔잎향기
푹신한 둘레길 걸을 때 낙엽담요 깔아주는 떡깔나뭇잎
노랑 주홍빛깔로 곱게 차려입은 벚나무잎
그윽한 가을차향 지닌 겸손한 감국 이파리
솜사탕향기로 지친 마음치료해주는 계수나무잎
숲의 나무향기 전해주는 나뭇잎들이 잔치를 벌였다
나뭇잎들은 그림을 그리고, 가을편지를 쓴다
시의 꽃을 피우는 나뭇잎들이 합창을 한다

열애에 빠진 여대생이 나뭇잎위에 고백을 적어
예쁜 시집에 끼워서 소포를 붙인다
나뭇잎에는 사랑의 흔적이 새겨진 채로
수많은 세월이 흘러도 그대로다

사랑표 낙엽은
이 가을이 지나는 길목에서 낙엽꽃이 되었다
사람은 아픈 사랑으로 성장하는 것
가장 예쁜 낙엽으로 뽑힌 낙엽은 결국
벌레 먹은 나뭇잎이었다

# 간이역에서

김 경 희

기적소리를 깃발로 달은 능내역에 내렸습니다
수학여행 떠나던 소녀는 돌아오지 않고
빈 의자만 여전히 소녀를 기다리고 있었습니다
여전히 잠자리는 비행을 하고 있는데
차창에다 손을 흔들던 소녀는 중년이 되었습니다
우리 인생은 간이역에서 만나서
간이역에서 헤어집니다
아직도 수없이 많은 간이역을 거쳐야지만
그 무엇이라도 안고 붙들고 내려야 할 텐데
토종닭을 팔러 가던 할머니 대신
바리바리 싸가지고 딸네 집에 가던 친정엄마 대신
수십 년 째 울타리 가에 서있습니다

## 김 할머니의 노래

김 무 늬

손, 마디가 점점 제 살점을 부풀리고 있다
그녀의 등은 쉬 휘어지고 둥글게 말린 잔등이 제 자리로 돌아오는 일은
골목길이 거뭇해지는 시간
좌판의 푸성귀가 제 기력을 다하고 납작 엎드려 육보시를 하고 있다
긴 한숨으로 초겨울의 문풍지를 대신하는 김 할머니 앞치마 속에는
너댓 장의 지폐와 낡은 사진 한 장이 있다
노랗게 빛이 바래 접혀진 굴곡의 주름이 김할머니 이마보다 더 깊다
어둠이 앞마당에 걸려 있는 홍등에 불을 켠다
어둠이 짙어갈수록 더욱 제 빛을 발하는 홍등을 보며
새우잡이 떠난 아들 소식이 관절 부딪치는 소리보다 더 시리다
붉은 철대문이 제 몸을 사르고 할머니의 역사를 대신 쓰고 있다
초겨울 바람에 대문소리가 삐걱 댈 때 마다 둥글게 말린 등은 소스라치게 펴진다
해소소리가 잦아들 쯤 할머니의 얼굴에 미소가 흐른다
푸성귀 반찬에 한 상 차려온 고봉밥
이순을 넘은 아들의 밥상을 받는 할머니의 얼굴에는 둥근 보름달이 훤하다

# 은행나무

김 선 희

밤이슬을 머금고 참고 있던 금방울
가는 계절이 서러워 붙잡고 사정한다
눈물을 뚝뚝 떨어뜨리고 있다
길가에 나지막이 앉아있는 코스모스도
아직은 때가 아니라고
조금 더 참아 보라고 손짓하건만
떠나겠다며 금방울 눈물을 뚝뚝 떨어뜨린다
청년기 여름날엔 의기양양했을 것이다
청춘이 마냥 있을 거라 젊음을 뽐내며 지냈겠지
누구든 누런 삼베옷으로 갈아입고 떠날 날이 있다
사는 날까지 최선을 다하면
좀 구린 날이 있을 지라도 알알이 영그는 내면의 꿈을 꿀 수 있다

# 바람

김 소 현

그는 원래 뼈대 있는 가문에서 태어났다
그가 집안을 어지럽히고
부모 말을 듣지 않았을 때
그는 마침내 내쫓겼다
이리저리 문전걸식했으나
그는 대접 받지 못했다
여인네 치마를 들춘다거나
창문을 흔든다고 그는 가끔 창고에 가두어졌다
그러다 그가
나뭇가지를 흔들고
나뭇잎을 흔들고
내 마음을 흔들고
제주도 돌밭을 구르게 할 때
그의 존재는 인정되었다
그 중에 가장 고약한 건
내 마음을 흔드는 거였다
누가 내 마음을 흔들어주길 바랬지만
막상 흔들리고 나니 그가 더없이 좋았다
나는 바람의 딸이었던 것이다

# 내 시선이 머무는 그곳

김 석 중

창밖의 어둠 저 너머로
내 시선이 머무는 그곳에는

푸른 숲 사이로 언젠가 가슴에 고이 간직한
작은 새 한 마리 몰래 풀어놓고 기다린 시간들이
그리웠나 보다

그러나 나는 네게 아무 것도 묻지 않는다
오직 그럴 것이라고 추측할 뿐이라고 대답한다

나는 이미 반쯤은 다친 날개로 그곳으로 날아들 수 없다
퍼득이는 날개대신 살아남은 부리로 핏빛 돌멩이를
쪼고 또 쪼게 될 것이다

그 많은 시간의 흐름에서조차
이데아의 정의는 그냥 의문 부호로 남길 수밖에 없었다
어쩌면 그것이 나의 안락 자체를 주저앉히지는 못 했더라도

나는 불행에 대하여도 말한 적은 없다
몸속 깊숙이 상처 난 고통들의 편린을 쏟아내면서도

나의 삶은 늘 침묵을 어깨에 걸치고 살아왔다
오늘도 붉게 타오르는 저 태양의 정직한 호흡을 믿는다

오늘도 나의 작은 새 한 마리를 지키기 위하여
숲속의 나무를 심는다
푸른 숲속의 그 집으로 나는 간다

내 시선이 머무는 그곳

# 배려

김 순 수

아련해오는 그날처럼 언제나 그랬듯이
당당하게 찾아오는 내 마음의 그녀가 부른다
어디선가 들려오는 빛나는 휘파람소리
여전히 유혹해 오는 날도 그녀가 부른다

바람에 흔들리고 비에 젖어도
어제 그리고 내일도 잊을 수 없기에
사라져 버릴지라도 흔적을 남기는
친숙함이 배어있는 지금도 그녀가 부른다

그녀가 나에게 왔다
그렇다면 뱃심으로 일하고 배짱으로
세상을 사는 일곱 빛깔 무덤함에
웃게 만드는 선택된 나 그녀가
그녀가 흘린 한 방울 눈물의 진실이
나의 인생의 흔적으로 삶의 노트에 새겨지리라
그녀는 우리가 나눈 삶의 기쁨
지금도 그녀가 나를 애타게 부르는구나

# 감나무의 한숨

김 재 농

내 고향 덕산은 집집마다 감이요
밭에도 산에도 천지가 감이다
가을이 깊어 발그레한 감이 탐스럽게 익어 가면
마을은 한 폭의 동양화가 된다.
가녀린 가지에 활처럼 휘어진 홍시
어쩌자고 등이 휘어지도록
저렇게 매달고 있을까
자식 키우느라 등이 굽은 꼬부랑 할머니가 생각난다
찬 서리 맞아가며 매달고 있는 모정을 본다
바람이 불 때마다 새끼들은 덜렁거리고
등허리는 요동치니 신음소리가 귓가에까지 들려온다
나는 얼른 가서 긴 대막대기로 허리를 받쳐주었다
그제야 그녀는 제 허리를 토닥거리며
흘러가는 구름 보고 한숨짓는다
우리 어머니처럼

# 지우는 것은 완성

김 정 보

우리는 끊임없이 지우고 있다
본 것, 들은 것, 한 말, 한 짓
불현듯 스치고 간 생각까지도 지우고 있다
저마다 지우개를 가지고 태어났기 때문이다
지우개는 우리가 편하게 잘 살 수 있게
우리가 다른 사람들과 잘 지낼 수 있게
하늘이 주신 선물인가 보다

연필화를 그려 보면 안다
그림은 연필이 그리지만 완성은 지우개가 한다
컴퓨터 앞에 앉아 글을 써 보면 안다
글은 사람이 쓰지만 완성은 디렉트 키가 만든다
가슴에 꽂히는 말은 들어 보면 안다
언제 그랬었느냐는 듯이 그 사람을 다시 보게 된다

우리는 끊임없이 지우며 산다
그러다 언젠가부터는 지우지 않으려고 발버둥 친다
산과 강, 역 이름을 기억하는 연습을 하고 심지어 약까지 먹는다
그래도 지울 수밖에 없다.
사랑에게서 사랑을 지우고
나로부터 나를 지우는 것은 최고의 완성이다

# 클랑

김 진 택

나는 오늘도 클랑에 간다

클랑은 여유를 파는 곳이다
그리 비싸지 않은 가격에
내가 좋아하는 음악과 배려를 산다
사람들이 듬성듬성 지날 때
나는 제왕처럼 앉아
정으로 따듯한 커피를 마신다
조금 비밀스러워지고 싶을 때
나는 꽃들의 얘기를 듣는다.
주말에 얼마나 좋은 일들이 많았는지
사람들의 행복한 미소를 자양분으로
며칠 더 살게 되었다는 고백도 듣는다
게걸음으로 뛰어가는 어둠을 따라서

나는 오늘도 클랑에 간다

# 강의실 밖의 가을

김 태 경

대추나무 연 걸렸다는 소문이 교실 안으로 들어왔다
교실 밖 창문 아래 버티고 서있는 대추나무
나보다 더 앞에서 강의 듣고 무릎을 탁탁탁 칠 단어를
어느 나뭇잎에 숨겨 문을 걸어 놓았는지
무슨 아유로 너울너울 흔들어 대는지
질서 없는 춤이 위태로워 간은 이해하기 전 쪼그라든다
여자는 사랑을 몰라도 벙글 시선이 창을 넘어가고
생각도 거기 창밖의 시선이 마주 걸린다

춘곤증으로 게으르게 앙상한 가시만 강의실 넘어다보며
하품하더라도 시인의 강의를 듣고 차츰 시가 되어간다
초록잎이 이재 포도동 가시는 위선이었나
이제 주렁주렁 데 듣는데 나보다 더 열중이다

햇빛 기웃대며 들어오지 못하고 대추나무 이파리에 앉아서 결국
연둣빛 광대 볼 붉게 하고
사이사이 뒤집는 바람 따라 반짝 시선만 보낸다

대추나무 연 걸려 거기 내 마음도 걸려요

# 시골 장마당

김 태 연

졸음을 부르는 한적한 오일장 마당
질척한 시장골목에 바싹 쭈그려 앉은 등 굽은 할머니 한 분
알록달록한 몸뻬바지에 꽁지달린 썬 캡을 푹 눌러썼다
빛바래고 허름한 보자기들로 벌린 좌판에는
냉이 달래랑 쑥 한 움큼이 소담하게 올려있다
달래 한 무더기 달라는 말에 입을 귀에 걸곤
건네받은 지폐에 마른침 한 번 퉤 뱉어 이마에 척 부친다
지폐를 꼬깃꼬깃 접더니 꾀죄죄한 앞치마 주머니에 쑤셔넣는다
해가 꼴깍 넘어갈 무렵 좌판을 찾아온 노란 쟁반
끓어 넘치는 뚝배기가 할멈의 눈에 생기를 불어 넣는다
쫄쫄 굶었던 배를 채운 노인에겐 그야말로 진수성찬이었을 게다
구겨진 지폐 꺼내놓고 퉤퉤 침 발라가며 숫자를 센다
 금쪽 같은 돈 이만 팔천 원이라며
굽은 허리 펴고 주섬주섬 보따리 챙기는 노인

장마당에서 그 돈이라면 혹여
등 긁어줄 영감 하나 살 수 있으려나

# 두 엔틱 의자

문 옥

거실 창문 앞에는 엔틱 나무의자가 있다
손때가 정겨워서 비싸게 주고 들여온 중고 물건이다
일전에 바닥면이 두 쪽으로 벌어져 목공소에 가져간 적이 있다
양철로 땜질하고 손질해온 그 의자가 오늘따라 멋스럽다

지고 싶지 않은 때가 있었다, 그래서 젊은 남편에게
"나는 당신의 의자야
언제나 당신을 위해 대기하고 있는 의자인 것 같아"
그런 넋두리를 하고 나면 슬펐다
그 후 아무려면 어떨까 하며 생각 없이 살았다
그리고는 마룻바닥이었다가 나무의자였다가 안락의자였다가
다시 마룻바닥이 되어 산 것 같다

오랜만에 뒷산을 돌았다
꽃진 진달래 옆으로 철쭉이 피어있다
두릅나무를 당겨 가시에 찔려가며 새순을 땄다
생각 하나가 피맺힌 상처에서 쏘옥 나온다

지금껏 나를 받들고 앉혀준 의자가 있었다
넘어질세라 다칠세라 받쳐준 의자는
나잇살에 빵빵해진 나를 무겁다고 타박하지도 않았다

덕분에 나는 창밖이 보이는 의자에 앉아 꿈을 꾸며 살아온 것이다

오늘 저녁 식탁에는 데친 두릅 순에 금정산 막걸리 한 잔,
봄 햇살에 지진 미나리전을 준비한다
나의 엔틱 의자가 되어준 그이를 생각하며

# 할매 푸념

노 지 윤

먼 지랄로 불철주야로 울어싼디야
낮 밤도 분별 못하는 저것뜰이여
달콤한 할머니 새벽 단잠을 깨운다
물동이 끼고 길 나선 아낙 발자국 소리에
쓰르르 쓰을 매앰 한 마리가 시작허먼 수 십 마리가 모가지 처들고 자지러진다
선 잠 깬 할머니는 어매 먼 지랄헐라고
꼭두새벽부터 주댕이 부르트게 울어쌍가 잉 시끄러서 죽것다 야들아
아가리가 엉간이 실업기는 실엉갑다
그믐 달 빛에도 울어 쌌는 것이
야그들도 날 더운디 참 욕봐쌌는다 잉
이슬 방울이라도 입가심 허구서 째꼼
쉬었다 울면 안 쓰것야
느그도 땅 속에서 묵언수행으로 갈고 닦은 공이 쪼까 아숩제
나가 괜시리 씨알도
안 매키는 소리를 했쌌는갑다
그 동안 갈고 닦은 그 공이 글씨 아깝고 말고 그리서 밤낮 없이 울어쌌는 거여
을매나 고단 허겄냐
오는 세월 못 막고 가는 세월 못 잡아 매는디
깝깝한 속을 다 털어불고 가거라

# 사돈집에 다녀오며

박 공 규

마석 사돈이 만나자 한다
창동에서 지하철 타고 가는 날이 장날이라 하던가
파업으로 가다서다를 반복해 20분 거리를
1시간 걸려서 청량리역 도착했다
사돈이 좋아하는 몇 가지 사서 경춘선 갈아타니,
창밖, 은행나무도 가을도 나와 함께 달린다
마석에 오니 사돈이 찰진 고봉밥이며
푸성귀 반찬을 맛있게 대접한다
건강을 나르는 이야기꽃 피우다 보니
아삭이 고추며 고춧잎 애호박,
자식 같은 농산물을 시집보내신다
왔던 길 돌아 창동역 계단을 오르는데
꽃 같은 학생이 선뜻 짐을 올려줘
고맙다 하니, 꽃 같이 웃어 준다
내 딸 시집보낸 것이 엊그제 같은데
서로 주고받는 정이 농산물에서 배어나오며
서슴없이 짐을 들어준 꽃 같은 학생의 웃음도
눈에서 삼삼하게 떠오른다

# 성곽의 창, 눈으로 듣다

박 승 연

남산을 올라가다 성곽을 만났다
성곽 창에서 세상을 묻고 싶었다
세월을 겹겹에 두르고도
화소수를 가름할 수 있을까

넌지시 성곽 창과,
핸드폰 1.300 화소의 창과
내, 두 눈의 대략 1억 화소 수 겹치자
접속한 풍경처럼,
옅은 황사에도 오버가 없다

디지털카메라의 화소수를 자랑하고
사람 눈의 무한대 가까운 화소수를 자랑하지만,

함수 관계에서 얻어지는
성각 창의 화수 소는 경전을 새기며
눈으로 듣게 하는 역사인가 보다

# 가을걷이

박 현 웅

입동은 지났지만 그래도 아직은 가을입니다
가을걷이가 끝나야 농부는 겨울이라 말하지요
바구니에 밤톨 주워 담듯 많은 형제들
삼시세끼 꽁보리밥 먹기도 힘든 보릿고개 시절
허리 한번 곧추 세우지 못하고 말없이 길러주신
소작농 부모님이 가을걷이를 합니다
메주콩 들깨 참깨 타작으로 가을걷이를 합니다
들판에 기러기 떼 이삭줍기 바쁘구요
다람쥐는 양 볼 가득 도토리를 물어 나릅니다
코스모스 꽃잎 위 벌들도 꿀빨기로 가을걷이를 합니다
해가 뉘엿뉘엿 넘어갈 때 농악놀이패
한 판 신명나게 놀아 한 해 농사를 마무리로
가을걷이를 합니다

# 나무 등걸을 바라보며

배 성 민

긴 세월을 지켜온 숲속
나무 등걸이 비바람에 쓰러져 있다
온몸을 떨며 흐느끼고 있다
불어오는 세찬 바람도 밀쳐내고 햇살도 걷어내고
곡소리 애써 감추고 하루하루 견디고 있다
여물지도 않은 날들을 비워내며 꿈을 꾸듯이 눈을 감고 있을 뿐이다
웃으며 울며 지내온 시간 속에도
말이 없는 나이테의 느슨해진 촉감이 갈피갈피 배어있다
비탈진 세월의 양지에서도
그 세월의 언덕 후미진 음지에서도 피어나는
서로 다른 아름다움이 자란다는 걸
알게 되는 날들 속에서
숱한 날들을 다스리며
끊임없이 자기 자신을 비워 내고 있다
외로울 때 자신의 몸에 풀꽃을 피우내기도 하며
솔바람이라도 불어준다면 향기로 입덧한다

긴 세월을 지켜온 숲속은 죽어도 죽는 게 아니다
죽은 나무들이 아무 일 없는 듯이 되살아나
가슴에 젖을 물리고 풀꽃을 키운다

# 낙엽, 연기하다

배 은 숙

어둠 저편으로부터
비에 젖은 자작나무 한 그루 걸어온다

초록 숲은 가을비에 탐색을 끝내고 비밀이 누설될까 서둘러 말문을 닫는다
바람 불어 발 아래 벌거숭이 낙엽으로 쌓이는 날
마른 입김을 뱉어 가지에 달라붙는 연기를 하지 않겠니

비실대며 마르지 않겠다고
재가 되지 않겠다고
비를 맞으며 비처럼 쏟아지는 비애 같은 불의 입술에 터지도록 키스를 퍼붓지 않겠니

무대 위로 막이 오른다
농염하게 익어가는 너를 위해 정수리에 꽂아 줄
이모티콘 꽃다발을 전송한다
사랑한다고… 낙엽 무지개 사이로 그 무거운 말들을 꺼낸다
뭇시선 속에 검붉은 잎의 활자가 찍힐 때 미세한 진동에 흥분 한다

아마도 유목의 붉은 혈서를 흉내 낼 거야
사각사각… 뿌리가 보이도록
아무런 가책 없이

# 줄도 줄을 선다

백 운 수

동공 너머로 소실점을 바라본다
메타세콰이어가 차렷 자세로 낮은 하늘과 마주한다
사십만 사천사백 시간이 흘렀건만 그 자리에서 그대로다
엄청난 인내심이다
순천만의 물떼새가 유혹을 던진다
바이칼 호수로 건너던 탱크의 발자국소리도 크게 유혹을 하지만 그는
확고하게 질서를 기초한다
엄청난 인내심이다
그는 기다린다
네모난 버스를
원형 콘크리트 속의 화려한 조명을
열두 시 쯤 건네는 노부부의 하얀 국수 한 그릇을
이 가위에서 저 가위로 넘나드는 자유로운 그
영롱한 팔각형 백옥 공연장에
파리도 잠자리도 노랑나비도 헤어날 수 없도록 곤히 빠져든다
그의 취미는 보자기 놀이
잘못 매듭하면 꼬인다
꼬임 없이 멀찌감치 서서 서로를 잇고 있는
전봇대의 우정이 아름답다

# 맥주

성 유 순

아무리 잊으려 해도 생각나는
당신은 내 첫사랑입니다
고등학교 졸업 후 당신을 처음 만났을 때
첫 키스의 그 황홀함은 지금도 잊을 수가 없습니다
슬플 때나 기쁠 때나 오래오래 함께
사랑하자던 당신의 언약
바람처럼 사라진다 하여도
어찌 잊으리오
비올라의 선율처럼 감미로운 음성이
심장에 박혀버린 문신되어
그리움만 커지는데

어찌 잊으리오
내 입술을 촉촉이 적시던 당신

# 양귀비

손 정 애

고은 그녀가 뜰 앞에 서있다
젊음을 불태우듯 아름다운 모습이다.
오가며 마주치는 길손들이 예쁘다고 침을 튀긴다.
그들이 뒤돌아서면서 건네는 귓속말
'참 보면 볼수록 탐스러운 꽃이네요'한다.
그가 걸친 옷이 너무나 아름다워
오가며 만져대니 옷가지가 너덜너덜...
그럼에도 불구하고 마지막 정열을 불태운다.
마지막 생을 빨갛게 불태우다 지쳐 시들어간다.
비록 짧은 기간이긴 했지만
그녀가 뜰을 밝혀주는 동안 충분히 행복했다.

어릴 적 상추밭에 듬성듬성 자라던 양귀비
뜰에 꽃처럼 피어난 그녀가 양귀비를 닮았다 치자
그녀를 맞이한 게 그리 나쁜 일인지
무슨 죄인이라고 단속을 당해야 하는 건지
한 시대를 각광받던 그가 왜
그리 괄시를 받아야하는 건지
그녀들 다섯이 모이면 법에 저촉된 만큼 큰 죄라니
모를 일이다

꽃잎 떨어진 그
일곱 송이의 씨앗이 예쁘게 남아 있다.

# 오늘

신 명 수

조금은 오만방자한 내일이 거들먹거리며 초췌한 나에게
주정뱅이 어제를 손가락질하며 끌탕을 한다
추억에 젖어 사는 어제가
꿈만 먹고 사는 내일처럼 허망하게 살지 말라며
소심한 나에게 한마디 던진다
신세한탄과 넋두리로 소일하는 어제에게 못마땅한 눈초리를 주던 내일이
오지 않는 희망은 네 탓이라며 내 앞에서 괜스레 심술을 부린다
집 나간 지 오래된 철없는 내일을 하염없이 기다리는 나를 나무라며
어제의 입에서 끝도 없는 허풍스러운 무용담을 늘어놓기 시작한다
내일만을 짝사랑하던 내가 무심코 던진 말 한마디에
실연의 늪에서 헤어나지 못하던 어제에게
나는 짙은 연민의 정을 느낀다

내일은 어떤 놈이 올지 모르고
어제는 어떤 가면을 쓰고 나타날지 모른다
나는 그래서 지금의 민낯이 좋다

# 새소리 밥상

신 연 두

뿌연 어둠이 잔기침을 하며 똑똑 창문을 두드린다
새소리 자명종이 내 귀를 침범한다
매일 반복되는 그들의 소리가 삼각산
하천을 따라 초록 이파리들에게 부딪힌다
그들은 메조 포르테로 울림을 주니
달리는 차의 경적 소리는 기가 죽었다
테너와 소프라노로 듀엣 연주를 한다
매일 무심코 들었던 나는 문득 그의 이름이 궁금해
쫑긋쫑긋 귀를 앞세워 창밖으로 주파수를 맞춘다
사그라졌다 반복하기를 수차례
뭐 이름은 알아서 무엇 하랴
신새벽에 나를 깨워주는 몫이라 하자
빗소리까지 가세를 한다
어제 따가운 햇살을 부둥켜안은 먹구름은
문을 열고 나오더니 한소끔 눈물을 떨군다
그러자 턱밑에 있던 휴대폰 소리가 와르르 쏟아진다
갖가지 소리가 세상을 열고 닫는다
나는 그 맑은 소리들을 조심스럽게 불러 모아 아침상을 차린다

# 이불 말리기

이 명 희

장롱 속에 얌전히 앉아 있던 이불 몇 채
장마철 습기를 빨아 먹고
몽그작몽그작 퀴퀴한 몸내 풍긴다

햇살 좋은날 건조대에 펼쳐 너니
오랜 세월 식구들과 뒹군 낡은 이불
부딪히며 함께 나눈 정 떨치지 못해
제 몸 구석구석 박혀 있는 향취 집안 가득 채운다

햇볕도 날려 보내지 못한 낡은 이불 냄새
포근한 정 담뿍 담긴 엄마같이
어스름 저녁이 내려와도 떠나지 못하고 있다
우리 식구들 웃음과 땀내 베어
 쌓인 깊은정 바쁘게 풍긴다

# 울타리콩

이 종 순

명주실처럼 고운 손으로
보라색 도라지꽃과 쑥갓을 껴안아 가만가만 바닥에 뉘이고
남의 둥지에 알을 낳는 뻐꾸기처럼 그 위에 작은 꽃을 피워올렸다
몽실몽실 열매도 맺었다

세상을 서리서리 감아올린 순들을 거칠게 걷어낸다
저항도 못한 채 바닥에 누워버린
도라지꽃과 쑥갓을 한 가닥 한 가닥 세우다보니
"맛있는 콩이니 울타리로 올려주세요"
그제야 옛 주인이 귀띔하던 말이 생각났다
얼굴이 달아올랐다, 언덕이 필요했을 뿐인데
엉켜진 덩굴 속에 익지 않은 작은 열매와 꽃이
두엄더미 위에 시들어가고 있었다

사소한 싸움으로 밖으로 나갔던 남편이 들어온다
먼저 다가가지 못해 미안한 듯한 빈 울타리
뻘쭘하니 말이 없다

# 나이테

이 형 근

금강송 밑둥이 잘려나간다

하얀 속살을 드러낸 그는 뼈아픈 세상에 눈을 감는다
그를 안다는 건 그를 묻어버리는 것
그는 그 많은 날들을 기다리다가 그리워하다가
빨간 눈물을 그윽이 가슴에 담아 마침내 사랑하다가

씨줄과 날줄로 엮인 누군가처럼
한 땀 한 땀 올을 세 듯 계절 마다 진한 생명선을 그린다
상처일지도 아픔일지도 그리고 경계일지도 모를 세월을 그린다

한참을 들여다보면 끝없이 방황하던 하늘이 스러지고
블랙홀 심연에 꽂인 동공은 그의 심장 안으로 빨려들어간다
꽃잎이 떨어지고 낙엽이 흩날리고

그의 넓은 어둠에 실려가듯 세월의 아픔만큼 돋아나
고스란히 몸에 박아 옹이로 기억할 뿐
흐릿한 자국만 간극으로 남아 갉아먹힌 흔적을 베어낼 수 없었다

하여 그를 따라 걸어 들어가면
첩첩히 둘러쌓인 숲속 계곡이 나오고 날망이 보이고

힘들게 올라선 봉우리에 발자국 하나만 얹혀놓았다

제재소 한 귀퉁이에 쌓아논 통나무가 켜나간다.
오밀조밀한 등고선이 무너지고 그가 사라진다
재가 되어 날려간다

# 꿈꾸는 나이테

이 혜 수

왕성한 세포들은 분열을 멈추고
그는 바람의 휴식으로 들어간 지 오래다
그가 자랐던 대지의 숨결이 여전히 살아 숨 쉬는
침실은 그의 영원한 안식처다
긴 여정 속에 다져진 단단한 근육과 구릿빛 피부는 그를 매혹시키는데 충분하다
어느 곳 어떤 바람의 향기에 취해서 머물다가
무슨 이유로 왔는지 그는 상관없다
수 없이 많은 날들 마주쳤던 순간을
둥글둥글하게 살아왔다는 표식만 각인시킨다
매일 밤 그와 함께 누적된 피로를 잠재우며 달콤한 꿈을 꾼다
그의 쭉 뻗은 다리 사이로 흐르는 혈관들이
건강한 시간을 가졌던 흔적을 말해준다
그의 여정은 공간의 채워져 가는 버팀목으로
완벽한 정점의 휴식을 즐긴다
척추의 마디마디가 재생하여 다시 불꽃으로 사라질 때까지
그의 안부는 모를 것이다
선명하지만 흐릿한
그의 여독이 드러누운 포말의 둘레길에서
바다가 보이고 산이 보인다
꺼지지 않는 그의 끝없는 생명력은 파수꾼 되어

지금도 멈추지 않고 지키고 있다
그와 같이 호흡하며 잠든다

그는 모른다
바람 따라 가버린 아픔을

# 불새

이 희 야

세 번의 만남 끝에 인생의 첫 문을 열었다
결혼 후 낯선 밤을 혼자 지새우던 날
불빛에 눈이 마주친 서랍장 문이 열린다
여러 권 쌓인 노트 속으로 신랑이 숨어든다
나는 이런 사람이라고 말을 건내 준다
회심의 미소로 화답을 해 주는 순간,
첫사랑의 연인이 일기장 속에서 걸어 나온다
말을 걸지 않은 채 과거로 돌려보내고
추억이 물든 노트를 제자리에 꽂아 둔다
신랑의 마음에 탁본을 떠 보던 날
아련한 흔적이 찍혀 나와 마음이 돌아선다
희뿌연 창가에 안개비가 내린다
되돌릴 수 없는 시간은 대화를 멈춘다
생각의 꼬리 하나가 살랑거린다
차라리 사랑해 버리라고 간지럼을 태운다
가장 크고 넓은 사랑해(海) 주문을 외운다
석 달 열흘 쯤 되는 날에 불새 한 마리가 가슴에 날아든다
불새는 가슴을 데우며 파랑새의 깃털로 변한다
 나, 이 만큼 사랑하면 될까요

# 소록도에서

임 서 정

섬과 섬을 이어주는 다리 저편
엄마의 품속처럼 따뜻하고 아늑한
작 은섬 하나 있네
그 섬엔 하늘도 내려와 낮잠을 자고
바다는 아예 코를 골며 자고 있네
바람마저 어디론가 마실 나가고
가을비가 소록소록 내리는 섬
연신 하품만 해대고 있는 꽃잎을 깨워
깊어가는 가을을 노래하네
누가 그 섬을 외롭다 하겠는가
누가 그 섬을 아프다 하겠는가
세상에 때 묻지 않은 천사들이 모여 사는 섬
그 섬엔 주인이 따로 없다네
바다가 주인이고 한창 가을을 즐기고 있는
고추잠자리가 주인이네
정겨운 이야기로 꽃을 피우는
그 작고도 아름다운 섬
생각할소록 소록소록 그리운 섬
소록도여

# 일월 중학교

조 은 숙

그곳엔 해와 달이 있었다
일월산 자락 아래 해와 달을 품고
우리는 해밝은 해가 되라 달빛이 되라를 외치고 다녔다

교문앞 이발소의 구도와 균형이 맞지 않은 키치 돼지그림
마치 욕심 많은 주인아저씨처럼 드러누워 있었다
삶이 그대를 속일지라도 슬퍼하거나 노하지 말라는 푸시킨의 시는
값싼 그림 속에서 우는 듯 했다
여학생 머리도 바리깡으로 깎아주고
플라스틱 낡은 물뿌리개로 머리를 감기곤 했다
버스 정류소에서 팔십 원으로 차표를 끊고
콩알만한 분홍소시지를 나무젓가락에 꽂고
검은 기름에 튀긴 핫도그를 틈날 때마다
그 야박한 소시지 인심을 욕하며 줄서서 먹었다
만삭이 되어 나온 배를 더 쑥 내밀고 다니는
양조장집 며느리 모습이 우스꽝스러웠고
가정 시간에 배웠던 월경과 임신이 떠올라 우린 얼굴을 붉히곤
했다
어묵 집 오복순 아지매는 삼십 원짜리 어묵 하나 먹고
국물 두 컵 마시면 버럭 소리를 지르셨다

그 외침처럼 더러는 해가 되고 더러는 달이 되어
성공한 여성과 더 성공한 사업가도 태어났다
폐교가 되어 운동장에 고추공장이 들어선 지금
눈물겹도록 그리운 시절을 밴드에서 선후배와 교류한다
우리들 가슴으로 달이 뜨고 해가 돋는 그리운 학교,
동문들이 매일 등교하는 일월 중학교 밴드가 있는 한
가슴 속의 모교는 폐교되지 않는다

# 관음증 앓는 장롱

한 성 춘

나는 신부의 들러리는 아니었다
나는 예나 지금이나 신부의 사랑을 독차지 한다
옛날에는 키도 작고 뚱뚱하여 볼품없는 몸매였다
그러나 잘 먹은 나는 볼륨 있는 섹시한 숙녀로 다시 태어났다
신혼부부와 같은 방을 쓰는 나는 늘 그 둘만의 은밀한 순간을 엿본다
친구들에게 털어놓고 싶기도 하고
멋진 신랑을 유혹하고 싶기도 하다
그러나 나에 대한 신부의 믿음을 생각하면 그럴 수 없다

나는 내 집을 세놓고 있다
내 집을 드나드는 세입자들은
보고 들은 풍문들을 소곤소곤 얘기한다
나는 이 부부의 안과 밖 다른 세계를 본다

그들이 이사 갈 때마다 나는 늙고 병들어간다
관절이 풀리거나 갈비뼈가 부러지기도 하고
악긴의 칠과싱은 수도 없이 입어야 했다

요즈음 나는 이사를 다니지 않는다
평생 한 방에 눌러 앉으니 편하다

새로 이사 온 부부의 침실을 엿보는 재미가 솔솔 하지만
관음증 증세가 도져 병원에 들락거린다

# 무한다면체

한 상 현

마음의 얼굴은
사각이나 오각 원형이 아닌
무한 다면체의 세포 같은 것이 아닐까
선과 선이 교차로 흘러
심장까지 전달하고 또는 해체되어
뇌 속으로 저장되는 것은 아닐까
뇌의 메모리에서 명령을 하면
손바닥에 이식된 핸드폰의 터치 하나로
세상과 소통하듯 하나 되는 것이 아닐까
공식과 방정식에 의문표를 끼워 넣으면
다른 하나가 늙은 추억의 편린이 되지 않을까
우리가 바로 새로 들어박히는 부품이고
삐져나오는 부품이 아닐까
직선을 배열하면서 곡선으로 불꽃이 터지며
형형색색 몽환을 선사하고 있지 않을까
화이트 선이 레드 선을 들여다 볼 때
실버문과 블루문 역시 들여다 보지 않을까
하늘 아래 새로운 것은 없다지만
그걸 양념하고 버무리는 양날의 칼이 아닐까
공간과 공간을 뛰어넘는 시공간에서
한계에 걸려있던 꿈이 무수한 얼굴이 되지 않았을까

# 누가 뭐라노

한 지 영

발자국 하나 남겨보세
세상은 넓고 아름다운데 누가 뭐라노

허허허 웃으며
뜬구름 위에 몸도 실어보세
제 정신인데 누가 뭐라노

희망의 채찍으로 등짝을 치고
플라톤에게 요염도 떨고
공자를 데려다 품에 안아보세
즐거운데 누가 뭐라노

조폐공사에 들어가
그들과 뒹굴고
냄새에 질식도 해보세
상상인데 누가 뭐라노

하나님과 부처를
몸속에 넣고 사뿐사뿐 걸어가세
내 맘인데 누가 뭐라노
내가 나로 산다는데 누가 뭐라노

# 봉정암 가는 길 · 2

홍 명 자

터벅터벅 산을 오른다
가을의 쓸쓸함이 한해의 무르익음을 의미하는 것 같다
외로움 사이에 햇볕이 묻어난다
뭐랄까, 많은 것을 얻어가고
쓰레기는 가져가라는 무언의 암시랄까
지혜의 문으로 들어가는 봉정암 가는 길엔
사람의 마음을 건너는 길이 있는 것 같다
길고긴 산행의 기쁨 중 하나가
나무 꽃 다람쥐 청솔모를 만나는 즐거움
비우고와서 가득 채우고 가라는 설악의
웅장한 여유로움에 합장을 한다
산에 머물면 지혜로워지고
큰사람 되는 것 같은 설레임이 인다
걸으면 걸을수록 아름다운
이야기가 숨어있을 것 같은 그 길을 걷는다

# 부록

주천강문학회 회칙

주천강문학회 활동 연혁

# 주천강문학회 회칙

## 제1장 총 칙

제1조 명칭본 회의 명칭은 주천강문학회라 칭한다.

제2조 소재지 영월군 소재지 내에 둔다.

제3조 목적 본 회의 목적은 우리 고장의 역사와 문화를 찾아내고 이를 바탕으로 지역문학을 꽃피우는 일에 노력한다.

제4조 사업 제3조의 목적에 부합하는 다음 각항의 사업을 진행한다.

1. 묻힌 역사와 문화 또는 문학 발굴
2. 창작 발표와 동인지 발간
3. 고장의 문화와 자연자원 순회탐방 시화전시회
 연꽃문화제, 술 축제 등
4. 어린이 청소년을 위한 창작교실 강의와 백일장 개최
5. 도농 문학인교류협력문화예술계 인사와 단체
6. 관내 대표적인 문화예술행사와 박물관 주체행사
동참 또는 교류 협력
7. 기타

## 제2장 회 원

제1조 자격문학과 문화예술분야에 대한 깊은 관심과 열정을 가지고 있으며 본 회가 진행하는 프로그램에 적극 참여할 수 있는 이를 회원으로 하고 본 회의 발전을 위해 문화예술분야의 인사를 초청 특별회원으로 한다

제2조 권리회원은 정례회의와 진행에 필요한 의결과 권리를 행할 수 있다

제3조 의무회직을 준수하며 회원의 권리와 의무를 다한다

제4조 가입입회원서를 제출해야 하며 정례회의에서 결정한 후 통보한다

제5조 탈퇴뜻을 달리하여 탈퇴를 원하는 회원은 서면 또는 구두로 탈퇴의사를 통보한 날로부터 회원의 자격이 상실된다

제6조 징계본 회는 다음과 같은 사유에 해당할 시 총회의 결의로 징계할 수 있다, 징계의 효력은 징계일로 부터 밸행한다

1.본 회의 명예를 손상시켰을 때

2.회원의 의무를 다하지 못했을 때

3.본 회의 사업을 방해하거나 사회적 물의를 일으켰을 때

## 제3장 임원

제1조 임원본 회의 임원은 다음과 같이 구성한다

1.회장 1명

2.사무국장 1명

3.감사 1명

제2조 선임임원의 선출은 총회에서 한다

제3조 임기임원의 임기는 3년으로 하고 연임할 수 있다

제4조 임무회장은 본 회를 대표하며 회의를 총괄한고 본회의 목적과 사업을 위해 기획 집행한다

## 제4장 총회 및 정례회의

제1조 총회매년 12월 또는 1월에 개최하며 전년도 사업수지분석평가와 신년도 계획을 수립 확정한다

제2조 정례회의매월 15일 월례회의를 개최한다

## 제5장 재정

제1조 수입월례회비, 특별회비, 후원금, 기부금, 보조금 기타 수입으로 충당하고 필요시 별도의 분담금을 납부한다

제2조 지출목적과 사업수행에 필요한 지출내역을 기록 보관한다

## 제6장 부칙

1. 본 회의 회칙개정은 총회에서 회원 과반수 출석과 출석회원 2/3이상의 찬성으로 개정할 수 있다.
2. 본 정관은 2010. 1. 1일 개정 시행한다.

# 주천강문학회 활동 연혁

## 2006년

**6월.** 창립

**12월.** 창립회의 "수주 주천 한반도면 문화사랑회" 발촉

## 2007년

**4월.** 단종문화제 참가, 영월문협주관 학생 일반 백일장 진행 도움

**9월.** 김삿갓문화큰잔치 참가. 영월문협주관 학생`일반 백일장 진행 도움, 대한민국 시인대회-집행위원회 참여

**10월.** 시화작품, 법흥사 천년의 숲 순회전시회

## 2008년

**4월.** 이용욱 시인 자유문예 신인문학상 수상으로 등단 기념식

**4월.** 법흥사 부처님오신날 기념 산사체험 & 천년의 숲 시화전시회 & 산사체험 프로그램 진행

**4월.** 단종문화제 참가 영월문협주관 학생 일반 백일장 진행 도움

**6월.** 김원식 시인 <스토리문학> 신인문학상 수상으로 등단 기념식

**7월.** 시섬문학회 초청 도농문학인 교류, 수주 주천 문화탐방 안내

**8월.** 제1회 주천연꽃문화제 시화전시회, 시섬문학회 초청 도농문학인 교류, 도서출판 문학공원대표 김순진 시인 주천도서관 도서류 기증

**9월.** 제5회 영월국제조각심포지엄 및 시조각전 참가

**9월.** 김삿갓문화큰잔치 참가. 영월문협주관 학생`일반 백일장 진행 도움, 시화작품, 법흥사 천년의 숲 순회전시회

**10월.** 목요수필동호회 가을문학기행 영월유치 도농문학인 교류, 주천도서관 도서류 기증

**10월.** 사랑의 집짓기 자원봉사 수주면 무릉리 명마마을 내부 20평

**11월.** 수주 주천문화사랑회 문집발간『가고싶은 기다림이 있다』 출판기념 및 시화전시회

**12월.** "조각회 령" 제17회 찾아가는 조각전 영월군전시회 협력주천면사무소

**2009년**

**4월.** 제 43회 단종문화제 국장체험 진행 및 박물관 투어, 도농교류 문학인 120명 초청문학공원, 시섬문학회, 강원수필, 조선문학, 영월문협 동강문학회 주관 학생`일반 백일장 진행 도움

**5월.** 범흥사 부처님 오신날 기념 청소년백일장 주관

**7월**. 제2회 주천연꽃문화제 시화전 개최

**9월**. 김삿갓문화큰잔치 참여 영월문협 동강문학회 주관 프로그램 진행 도움

**10월**. 술빛고을권역 거점면 농촌마을종합개발사업 유치기원 수주면 주천면 한반도면 어린이백일장 주관

**12월**. 수주 주천문화사랑회 주천강문학회로 개정

**12월**. 주천강문학 2집 출판기념

## 2010년

**1월**. 의로운 호랑이 상 의호총 제향 주천강문학회 주관

**3월**. 이달의 장원 "주민백일장" 신설

**4월**. 제44회 단종문화제 국장체험 및 박물관투어 주관, 도농 문학인 120명 초청문학공원. 강릉문협. 문인화 연구소회원 진행

**5월**. 법흥사 평화로운 세상만들기 청소년백일장 주관 진행

**7월**. 제3회 주천연꽃문화제 시화전 개최

**9월**. 제13회 김삿갓문화제 참여 영월문협 동강문학회 주관 전국 학생 및 일반백일장 도움 진행

**9월**. 제13회 김삿갓문화제 시화전 초청 순회전시회 – 주천강변 웰빙산책로

**12월**. 주천강문학 3집 출판기념"시와 음악과 그림의 만남" 주천강 문예한마당

**12월**. 주천강문학회 총회 개최

## 2011년

**1월**. 의호총 제향 주천강문학회 주관

**4월**. 신은숙 문인화 전시회

**5월**. 법흥사 평화로운 세상만들기 청소년 사생대회 주관 진행

**6월**. 김원식 칼럼집 『영월 희망을 보다』 출판기념회

**7월**. 제 4회 주천 연꽃문화제 "시와 연의 만남" 시화전시

**10월**. 제14회 김삿갓문화제 참여 영월문협 동강문학회 주관 전국 학생 및 일반백일장 도움 진행

**10월**. 제14회 김삿갓문화제 시화전 초청 순회전시회 - 주천강 웰빙산책로

## 2012년

**1월** 의호총 제향 주천강문학회 주관

**7월** 제5회 주천 연꽃문화제 시화전

**10월** 제15회 김삿갓문화제 참여 영월문협 동강문학회 주관 전국 학생 및 일반백일장 도움 진행

**11월** 제15회 김삿갓문화제 시화전 초청 순회전시회 - 주천강 웰빙산책로

## 2013년

**1월** 의호총 제향 주천강문학회 주관

**7월** 제6회 주천 연꽃문화제 시화전

**10월** 제16회 김삿갓문화제 참여 영월문협 동강문학회 주관 전국 학생 및 일반백일장 도움 진행

**11월** 제16회 김삿갓문화제 시화전 초청 순회전시회 - 주천강 웰빙산책로

## 2014년

**1월** 의호총 제향 주천강문학회 주관

**7월** 제7회 주천 연꽃문화제 시화전

**10월** 제17회 김삿갓문화제 참여 영월문협 동강문학회 주관 전국 학생 및 일반백일장 도움 진행

**11월** 제17회 김삿갓문화제 시화전 초청 순회전시회 - 주천강 웰빙산책로

## 2015년

**1월** 의호총 제향 주천강문학회 주관

**7월** 제8회 주천 연꽃문화제 시화전

**10월** 제18회 김삿갓문화제 참여 영월문협 동강문학회 주관 전국 학생 및 일반백일장 도움 진행

**11월** 제18회 김삿갓문화제 시화전 초청 순회전시회 - 주천강 웰빙산책로

## 2016년

---

**1월** 의호총 제향 주천강문학회 주관

**7월** 제9회 주천 연꽃문화제 시화전

**10월** 제19회 김삿갓문화제 참여 영월문협 동강문학회 주관 전국 학생 및 일반백일장 도움 진행

**11월** 제19회 김삿갓문화제 시화전 초청 순회전시회 - 주천강 웰빙산책로

국립중앙도서관 출판예정도서목록(CIP)
ISBN 978-89-6577-161-6 03810 : ₩12000
810.82-KDC6
895.708-DDC23 CIP2015032893

2016 주천강문학 제9집

# 긴 시간의 데생

초판인쇄일 2016년 12월 08일
초판발행일 2016년 12월 14일

발 행 처 : 주천강문학회
발 행 인 : 이재업
주 소 : 강원도 영월군 수주면 명마동길 150(우편번호 26201)
전 화 : 010-5460-1210
홈페이지 : http://cafe.daum.net/sj1122
이 메 일 : ieejaeeup@hanmail.net

펴 낸 곳 : 도서출판 문학공원
대 표 : 김순진
등 록 : 2004년 3월 9일 제6-706호
주 소 : 서울 은평구 통일로 633 녹번오피스텔 501호
계간 스토리문학사(우편번호 03382)
전 화 : 02-2234-1666
팩 스 : 02-2236-1666
홈페이지 : http://cafe.daum.net/yob51
이 메 일 : 4615562@hanmail.net



이 책은 영월군의 지원으로 제작되었습니다.